POBOL

DAFYDD IWAN

D1340964

Argraffiad cyntaf: 2015

Lluniau trwy ganiatâd Llyfrgell Genedlaethol Cymru ac eraill. Gwnaed
pob ymdrech i ganfod deiliaid hawlfraint y deunydd a atgynhyrchir yn
y gyfrol ond yn achos unrhyw ymholiad dylid cysylltu â'r cyhoeddwyr

Dymuna'r cyhoeddwyr gydnabod cymorth ariannol
Cyngor Llyfrau Cymru

Llun y clawr: I B Griffith a'r awdur (Llun: Gerallt Llewelyn)
Cynllun y clawr: Y Lolfa

Rhif Llyfr Rhyngwladol: 978 1 78461 160 6

Cyhoeddwyd, rhwymwyd ac argraffwyd yng Nghymru gan
Y Lolfa Cyf., Talybont, Ceredigion SY24 5HE
gwefan www.ylolfa.com
e-bost ylolfa@ylolfa.com
ffôn 01970 832 304
ffacs 832 782

Cynnwys

Cyflwyniad

YR HYN A roddodd fod i'r gyfrol fach hon oedd meddwl mor ffodus oeddwn i o gael cyfarfod â rhai o feirdd a llenorion mawr ein cenedl, a gresynu ar yr un pryd na fydd y genhedlaeth nesaf yn cael y fraint honno. Meddwl wedyn y byddai cyfeirio at ambell gyfarfyddiad a gefais gyda nhw yn dangos mai pobol o gig a gwaed oedd y rhain, yn hytrach nag enwau mewn llyfrau'n unig. Ond yna cofio am y rhai llai enwog sydd wedi cyfoethogi fy nyddiau i ar y ddaear hon, a chofio'r hyn oedd yn eu gwneud hwythau'n arbennig hefyd.

Yr unig beth sy'n gyffredin i'r rhain i gyd (ar wahân i'r prins y cyfeirir ato yn yr erthygl olaf, ac am wn i, ei gyfaill anhysbys hefyd) yw eu bod wedi'n gadael; nid am fy mod am swnio'n ormodol o hiraethus a thrist, ond am iddyn nhw i gyd, yn eu ffordd eu hunain, adael eu marc arna i ac ar y byd. Ceir ambell un, yn wir, nad oeddwn yn cyd-weld â nhw, ond mae'r rhelyw mawr yn bobol yr ystyriaf hi'n fraint cael eu nabod, pe na bai ond am ennyd.

Bu cryn bendroni sut y dylwn gyfeirio at y bobol yr ysgrifennaf amdanyn nhw, a phenderfynu yn y diwedd defnyddio ffurfiau llawn eu henwau os nad oedden nhw'n gyfeillion agos, y ffurf boblogaidd ar eu henwau mewn achosion eraill a'r glasenw talfyredig yn achos y cyfeillion agosaf.

Rwyf wedi cadw'n glir o berthnasau a theulu agos (gydag un eithriad), am na fyddwn yn medru dod i ben â gwneud cyfiawnder â nhw i gyd; efallai y daw cyfle i wneud hynny eto.

Dafydd Iwan
Hydref 2015

7

Cynan

WYTHNOS EISTEDDFOD GENEDLAETHOL y Barri oedd hi yn
1968, y flwyddyn yr enillodd R Bryn Williams y Gadair am ei
'Awdl Foliant i'r Morwr', a Haydn Lewis Tonpentre'r Goron am
ei bryddest goffa i'w ferch Carol, yr oeddwn wedi ei charu o bell
fel pwt o wersyllwr swil yn Llangrannog bymtheng mlynedd
ynghynt. Roeddwn innau ar berwyl hwyr yn chwilio am rywle
i fynd wedi'r Noson Lawen, a'r tafarnau wedi cau. Rhaid 'mod
i wedi colli fy nghyfeillion ar y ffordd pan welais ddrws tŷ teras
Fictoraidd ar agor, a sŵn rhialtwch y tu draw iddo. Anelais am
y drws, a gweld bod gwraig nid ansylweddol yn sefyll y tu allan
mewn cot fawr dywyll, a chot arall am ei braich.

'Ydach chi'n mynd i mewn?' gofynnodd i mi, mewn llais
braidd yn flin, fel y tybiwn i ar y pryd.

'Ydw,' atebais innau, yn ddigywilydd braidd.

'Os gwelwch chi Cynan, dwedwch wrtho 'mod i'n disgwyl
amdano, a dwedwch wrtho fod ei gôt o gen i.'

Wel, da iawn, meddwn wrthyf fy hun; mae gen i drwydded
i fynd ar 'y mhen i'r parti rŵan – a chario neges i neb llai na'r
pen-gorseddwr ei hun. Flwyddyn ynghynt, adeg Eisteddfod
y Bala, bu Cynan benben â *Lol*, ac felly roedd wedi dod yn
dipyn o gocyn hitio i 'nghenhedlaeth i. Ond ar wahân i ambell
gartŵn digon diniwed, doeddwn i'n bersonol ddim wedi croesi
cleddyfau gyda'r bardd-farchog o Lŷn. Ta waeth, roeddwn ar
fin darganfod oedd o'n dal dig neu beidio.

Roedd yr ystafell ym mhen draw'r coridor yn llawn o gewri'r
diwylliant Cymraeg, a'r diodydd a'r ffraethineb yn llifo. Un o
bartïon enwog John Ellis Williams Stiniog oedd hwn, a safai
Cynan yn ei ymyl, ei gefn at y piano a gwên cymaint â'i sbectol
ar ei wyneb.

Llun: Llyfrgell Genedlaethol Cymru

'Chi 'di Cynan?' gofynnais, yn llawn hyfdra sawl peint o gwrw.

'Ia, 'machgen i,' meddai Llywydd Llys Eisteddfod Genedlaethol Frenhinol Cymru, gan ryw led-chwerthin ar gownt fy meiddgarwch diwahoddiad.

'Mae yna ddynes wrth y drws yn disgwyl amdanoch chi, ac mae'ch cot chi ganddi.'

Prin y gwnaeth o gymryd arno fy nghlywed, a pharhau a wnaeth gyda'i sgwrs a'i wên. A dyna'r unig gyfarfyddiad a fu rhyngom. Does gen i fawr o gof am ddim arall a ddigwyddodd y noson honno, na pha sgwrs bellach a fu rhyngof a Chynan, os bu un o gwbwl. Ond fe wn i un peth – rwy'n difaru fy enaid na faswn i wedi cael seiat neu ddwy yng nghwmni'r pen-baledwr o Ben Llŷn, ac un o gymeriadau mawr ei gyfnod, brenhinwr a dyn y sefydliad neu beidio. Byddaf yn teimlo'n eithaf agos ato gan fy mod yn canu ei waith mor aml, a phob tro y byddaf yn canu ei benillion hyfryd i 'Bydd glaswellt ar fy llwybrau i gyd' neu 'Mi a glywais fod yr hedydd', byddaf yn cofio am yr un cyfarfyddiad byrhoedlog hwnnw yn y Barri.

Waldo

RHAN O ANTUR wythnos yr Eisteddfod Genedlaethol hyd at 80au'r ganrif ddiwethaf oedd cael cysgu ar welyau cynfas anghyfforddus mewn ysgolion a neuaddau. Fel rheol, llenwid yr ystafelloedd gyda'r gwelyau cyntefig hyn, nes bod prin le i gerdded rhyngddyn nhw. A gogoniant y profiad oedd y gymysgfa ryfeddol o bobol a gysgai yno: y prydydd talcen slip a'r prifardd, y gwas ffarm a'r ffarmwr porthiannus, y myfyriwr a'r prifathro – gwrêng a bonedd y diwylliant Cymraeg i gyd yn un gybolfa ddifyr.

Yn 1965, roedd yr Eisteddfod yn y Drenewydd, ond oherwydd prinder lle yno roedd nifer fawr ohonom yn cysgu yn ysgolion Machynlleth. Roedd yr holl brofiad yn un gyfres o ryfeddodau, wrth imi sylweddoli bod pobol y clywswn gymaint amdanyn nhw, yn feirdd a chantorion, awduron ac adlonwyr, yn cysgu yn yr un adeilad, neu hyd yn oed yn yr un ystafell, â mi. Cofiaf fynd i 'molchi un bore oer, a hynny mewn dŵr oer wrth reswm pawb, a chael fy nghyflwyno gan Robin Huws i'r annwyl Ifan Gruffydd, y *Gŵr o Baradwys* ei hun. Rhyfedd meddwl imi'n ddiweddarach rannu llwyfan droeon gyda'i fab Tecwyn, ei ferch yntau Sioned, ac yn fwy diweddar gyda'i merch hithau, Meinir Gwilym.

Ond aeth cyffro trwy'r lle i gyd pan sylweddolwyd fod dau arall o gymeriadau mawr ein cenedl yn cysgu yn yr ystafell lle'r oeddwn i wedi bachu gwely. A'r ddau hynny oedd Waldo Williams ac Eirwyn Pontshân. Cafodd y ddau eu gweld yn gosod eu nyth, ac roedd disgwyl mawr i'w gweld yn dychwelyd. Pan ymddangosodd y ddau ymhen hir a hwyr, roedd criw o'u cwmpas, ac edrychai Waldo braidd fel pe carai fod ar ei ben ei hun, ond yn ddiweddarach fe'i gwelais yn chwerthin nes

bod dagrau yn ei lygaid wrth wrando ar barablu digymar a di-
wardd Pontshân. Roedd hynny'n ganmil gwell ganddo na chael
ei fwydro gan edmygwyr eisteddfodol, mae'n siŵr.

Fy nghenhadaeth i y flwyddyn honno oedd gwerthu'r
cylchgrawn newydd *Lol*, a gyhoeddwyd am y tro cyntaf ar
gyfer Eisteddfod y Drenewydd. Robat Gruffudd oedd y pen-
bandit, a fy nghyfaill Penri Jôs o Lanbedrog oedd y 'Golygydd'.
Pan welais fy nghyfle, fe es â chopi o'r papuryn at y bardd a'r
heddychwr a'r cenedlaetholwr addfwyn o Sir Benfro. Rhoddais

y papur yn ei law a gofyn yn bowld: 'Fysech chi'n hoffi prynu copi o hwn, Waldo?'

Edrychodd arna i gyda gwên ddireidus yn ei lygaid, taflu cipolwg digon ysgafn ar bob tudalen, a'i roi'n ôl imi'n garedig ddigon. 'Mae'n dda 'ych bod chi wedi ei alw'n *Lol*,' meddai yn ei lais tawel, eto heb golli'r direidi yn ei lygaid.

Gwelais ef sawl tro wedi hynny, ond yn fwyaf cofiadwy yn darllen ei gywydd cyfarch i D J Williams yn Ysgol Abergwaun – y cywydd sy'n cynnwys y cwpled anfarwol 'Pen-y-berth, y berth lle bu / Disgleirwaith *England's Glory*', ac yn ddiweddarach yn gosod torch ar garreg Llywelyn yn Rali Cilmeri yn erbyn yr Arwisgo ym Mehefin 1969. Ond yn amlach na'r cyfarfyddiadau hyn byddai'r straeon amdano'n cyrraedd clust rhywun, fel yr hanes hwnnw amdano'n mynd ar ôl y bwmbeili a ddaeth i'w dŷ i ddwyn y leino yn lle'r dreth incwm y gwrthododd Waldo ei thalu fel heddychwr. Wrth i'r beili gerdded tuag at ei fan, a'r leino'n rholyn trwsgl dan ei fraich, rhedodd Waldo ar ei ôl gan chwifio darn o linyn i glymu'r leino.

Orig

ROEDDWN YN CANU y noson honno ym Mhafiliwn y Rhyl – yr hen bafiliwn enwog nad yw'n bod ers blynyddoedd bellach. Roedd nosweithiau'r Rhyl yn boblogaidd iawn yn anterth y canu pop Cymraeg yn y 60au a'r 70au, a'r lle dan ei sang yn gwrando ar bobol fel Tony ac Aloma, Hogia Llandegai, Owain ac Alwen Selway a minnau. Daeth neges i gefn y llwyfan fod rhywun am gael gair â mi yn y bar.

Wedi gorffen fy sbot cyntaf, fe es i draw i weld pwy oedd yno, a dyna'r tro cyntaf imi gyfarfod y chwedlonol Orig Williams. Nid defnyddio'r gair 'chwedlonol' yn ddifeddwl y mae rhywun, oherwydd roedd cymaint o chwedloniaeth wedi tyfu o gwmpas Orig ag sydd yna o gwmpas marwolaeth Diana druan. Yn Nyffryn Nantlle ac ochrau Caernarfon, troi o gwmpas y cae pêl-droed yr oedd y rhan fwyaf o'r chwedlau, a champau Orig a Tarw Nefyn yn peri i'r ddau ymdebygu i dduwiau Groegaidd. Ac wrth gwrs, roedd Orig yn gwybod i'r dim sut roedd bwydo'r chwedloniaeth honno. Yn ei flynyddoedd olaf fel pêl-droediwr roedd eisoes wedi cychwyn ar ei yrfa fel reslar, ac un tro cyrhaeddodd yn ben-set ar gyfer gêm, a hynny mewn car anferth, wedi hedfan draw o sioe reslo ym Melffast. Heidiodd ei ffans ato, ac wrth iddo ddod o'r car gofynnodd un o'r hogia ifanc a'i haddolai: 'Sut nest ti ddod o Belffast, Orig?', gan mai prin oedd y bobol a deithiai mewn awyren i Ben-y-groes. Edrychodd Orig arno â'i lygaid yn serennu: 'Cerddad, 'machgan i, cerddad bob cam.'

Roedd Orig yn eistedd wrth y bar gwag ym Mhafiliwn y Rhyl gyda'i briod Wendy, mewn cot laes at ei draed. Cyflwynodd ei hun a'i gymar, ac ysgwyd llaw yn ddigon diseremoni, a bwriodd iddi ar unwaith. Byrdwn ei neges oedd ei fod yn hoffi'r hyn

roeddwn i'n ei wneud fel canwr ac ymgyrchwr iaith, ond ei fod yn synnu bod fy 'act' mor ddi-liw a di-sioe. 'Tasat ti'n dod efo fi am wythnos i weld sut dwi'n gneud petha, mi fasat ti'n ca'l llawar mwy o lwyddiant. A dwi ddim yn sôn am bres yn unig, ond am achos Cymru, a'r iaith Gymraeg. Rhaid iti roi sioe ymlaen, efo dreigia coch yn fflio, a dod i'r llwyfan i gyfeiliant yr anthem a ballu.'

Orig y dyn sioe oedd yn siarad; Orig y reslar oedd wedi cario'r ddraig i sawl gwlad, a chael pobol i'w ddilyn trwy wneud ei hun yn amhoblogaidd yn y *ring*. Roedd y dyrfa'n ei gasáu, ac eto'n ei barchu fel arwr o ddihiryn; ac roedd pawb yn gwybod am Gymru pan oedd Orig o gwmpas. Ac yr oedd ganddo bwynt digon dilys o ran fy mhresenoldeb llwyfan, ond eto gwyddwn ar y pryd nad steil Orig oedd fy steil i.

Roedd Orig yn hollol iawn i deimlo nad yw Cymru fel cenedl wedi llwyddo i wneud ei marc yn y byd. Dydyn ni erioed wedi dysgu'r grefft o gyflwyno'n hunain yn effeithiol fel cenedl ac iddi ei hanes a'i diwylliant a'i hiaith a'i cherddoriaeth ei hun. Ond roedd Orig, yn ei ffordd unigryw ei hun, yn feistr ar y grefft honno.

Hywel Teifi

Ni fyddai cyfarfyddiad cyntaf Hywel Teifi a minnau yn un y byddai'r un ohonom yn orawyddus i'w ddwyn i gof. Yn hen stiwdios TWW ym Mhontcanna oeddem ni, rywbryd ynghanol y 60au, pan oedd rhaglenni teledu Cymraeg yn dechrau cropian, heb fawr iawn o syniad i ble. Rhyw ymgais i greu pantomeim i blant oedd y rhaglen, gyda'r stori wedi ei seilio'n fras ar hanes Dic Whittington, a'r sgript o waith Llyfrgellydd Dinas Bangor. (Fel mae'n digwydd, roeddwn wedi dod ar draws y gwron hwnnw – neu roedd ef wedi dod ar fy nhraws i – pan oeddwn yn eistedd ar lawr Swyddfa'r Post Bangor yn un o brotestiadau cynnar Cymdeithas yr Iaith; credai'r llyfrgellydd ei bod yn gywilydd o beth bod llafnau gwirion yn rhwystro'i lwybr at y cownter stampiau, a mynnodd gerdded dros a thrwy bawb yn y pâr mwyaf o sgidiau hoelion a welais erioed i wneud ei bwynt, a hynny mewn tymer go wyllt.)

Ta waeth, roedd ymdrechion y llyfrgellydd mawr i ysgrifennu geiriau caneuon yn dipyn llai llwyddiannus na'i ymdrechion i gyrraedd cownter Swyddfa'r Post, a gwridai Hywel Teifi a minnau bron wrth yngan y geiriau a baratowyd ar ein cyfer. Doeddwn i'n gwybod dim am Hywel, a ddywedodd yntau ddim am ei waith yn y byd academaidd, ond cofiaf imi gynhesu'n arw at y gŵr ifanc byrlymus a difyr wrth inni lechu yng nghilfachau tywyll stiwdio Pontcanna yn disgwyl yr alwad i gerdded i'r goleuni. A buan y sylweddolais nad oedd ganddo yntau chwaith fawr o feddwl o'r sgript dila a osodwyd yn ein dwylo. A phan fentrais wneud sylw ar safon y geiriau yr oedd disgwyl imi eu canu, wedi'm gwisgo fel Dic y Sais bach uchelgeisiol, clywais am y tro cyntaf, ond nid y tro olaf, Hywel Teifi'n ynganu'r gair 'yffach' fel na allodd neb arall ei ynganu ar ei ôl:

'Beth yffach y'n ni'n dou yn neud mewn shwt le â hwn, gwed?!'

Daeth stiwdios Pontcanna'n rhyw fath o ail gartref wedi hynny wrth imi ganu ar raglen *Y Dydd* bob nos Fercher, ond aeth Hywel Teifi ymlaen i bethau llawer amgenach, a chyfrannu mewn ffordd gwbwl unigryw at ddiwylliant a dysg ac asbri gwerin Cymru.

Y tro diwethaf imi dreulio tipyn o amser yn ei gwmni oedd

yng ngwesty Plas Coch, y Bala, yn ystod wythnos Eisteddfod Genedlaethol fendigedig 2009. Roedd Hywel wedi bod wrthi'n traethu â'i huodledd arferol yn y Babell Lên y prynhawn hwnnw, a minnau'n un o'r llu a fethodd gael sedd ac oedd yn gwrando'n astud ar yr uchelseinydd y tu allan. Doedd y pwnc ddim yn un ysgafn – soniai am ymateb y beirdd i'r gwrthdaro rhwng Cristnogaeth a syniadau Darwin a'i debyg – ond llwyddodd Hywel i droi'r cyfan yn un llifeiriant ffraeth a chrafog, a'r dyrfa, y tu mewn a'r tu allan, wedi eu dal gan ddawn cyfarwydd digymar Llangennech. Y noson honno yn y Plas Coch, roedd yn ei elfen yn hamddena'n foddhaus yn awyrgylch Cymreictod rhywiog Penllyn a'r Eisteddfod yr oedd yn gymaint awdurdod arni. Ymhen cwta bum mis roedd wedi'n gadael, ac fel miloedd lawer o'i gyd-wladwyr, trysoraf yr atgofion, gan na welwn ei debyg eto.

Dora Herbert Jones

PAN GEFAIS WAHODDIAD i gyflwyno cyfres o raglenni teledu ar faes canu gwerin, bachais ar y cyfle, yn enwedig pan gytunwyd y byddwn yn cael dewis gwestai arbennig o'r byd gwerin bob wythnos. Roedd yna ambell bersonoliaeth a gyfrannodd yn helaeth i fyd canu traddodiadol yr oeddwn ar dân i'w cyfarfod, ac roedd hwn yn gyfle gwych i wneud hynny. Un o'r rhai ar ben y rhestr oedd Dora Herbert Jones; gwyddwn amdani fel un o arloeswyr cynnar Cymdeithas Alawon Gwerin Cymru a aeth ati i gofnodi'r caneuon cyn iddyn nhw ddiflannu'n llwyr, a gwyddwn ychydig am ei chysylltiad â Gwasg Gregynog a'r chwiorydd Davies, a'i bod yn ifanc iawn wedi gweithio yn San Steffan, ac yn nabod Morfydd Llwyn Owen. Doedd yna ddim prinder pynciau i'w holi amdanyn nhw.

Fel y bûm fwyaf ffodus, roedd gofyn imi alw am Dora a rhoi pàs iddi i Gaerdydd i recordio'r rhaglen. Roedd hyn wrth fy modd, am y gwyddwn y cawn sgwrs ddifyr yr holl ffordd i'r ddinas ac yn ôl, a chefais i mo fy siomi. Er ei bod o gwmpas y pedwar ugain erbyn hynny, roedd ei meddwl yn effro iawn, a'i pharabl yn pefrio, ac o'r oriau hyfryd a dreuliais yn ei chwmni, mae tri pheth yn aros yn y cof o hyd.

Y cyntaf oedd sylweddoli maint cyfraniad aelodau cynnar y Gymdeithas Alawon Gwerin. Efallai fod arlliw o bobol weddol dda eu byd yn hel hen greiriau yn eu gwaith, ond does dim dwywaith i'w brwdfrydedd a'u llafur lwyddo i 'achub' dwsinau o ganeuon rhag difancoll. Ond yr hyn roedd Dora am ei bwysleisio'n fwy na dim oedd y frwydr fawr a fu i berswadio'r Eisteddfod Genedlaethol bod y gân werin yn ddigon parchus i gael ei lle ar y llwyfan! Wedi'r cyfan, onid caneuon y diafol oedd y rhain, yn perthyn i'r werin ddiotgar a masweddus, y

Dora Herbert Jones (ar y chwith) a Kate Roberts (ar y dde) yng Ngregynog.

bu'n rhaid eu disodli gan emynau'r Diwygwyr Mawr? Ond o dipyn i beth, wedi trwsio a glanhau a sensro dipyn ar y geiriau, enillwyd y frwydr i ganiatáu i'r gân werin ei lle ar lwyfan y lân Eisteddfod. Ond yn gwisgo'i dillad gorau, wrth gwrs.

Yr ail oedd y wers ganu a gefais gan Dora. Yn y stiwdio deledu, doedd Dora Herbert ddim yn cymryd fawr o sylw o'r cynhyrchydd ac ati; roedd ganddi fwy o ddiddordeb mewn sgwrsio, a gofynnodd imi beth roeddwn i am ganu. Atebais, braidd yn betrus am y gwyddwn mai honno oedd ei hoff gân hi, y rhown gynnig ar benillion 'Hiraeth'.

'Iawn,' meddai hithau, 'dewch inni gael 'u clywed nhw.'

Dechreuais innau arni: 'Dwedwch fawrion o wybodaeth, o ba beth y gwnaethpwyd hiraeth?' – a dyma Dora'n rhoi taw arna i, a gofyn:

'Ydech chi'n sylweddoli be dech chi newydd ddeud?'

Doedd hi ddim yn trio bod yn bowld, dim ond am ddysgu imi'r unig wers sydd angen ei dysgu mewn gwirionedd wrth ganu gwerin, sef bod rhaid ichi ddeall a chredu a theimlo'r geiriau wrth ganu. Os ydych chi'n eu credu, mae gobaith y bydd y gwrandawr yn eu credu a'u teimlo hefyd. Gwneud y geiriau'n rhan o'ch profiad chi, dyna oedd ei byrdwn. Ac fe orfododd Dora imi ganu'r penillion fesul cwpled, a mynnu 'mod i'n stopio rhwng pob cwpled i ystyried beth roeddwn yn ei ddweud. Gwers nad anghofiaf byth.

A'r trydydd peth oedd gweithred fach a ddigwyddodd wrth imi adael Dora Herbert Jones yn ei chartref yn Nhregynon. Cyn imi adael y bwthyn, fe estynnodd at silff o lyfrau bach glas tywyll, a gafael mewn hanner dwsin ohonyn nhw, a'u rhoi imi: 'Hwdiwch, cymrwch rhain; fydd dim o'u hangen arna i mwy.' Chwech o gyfrolau 'Cyfres y Fil' O M Edwards oedden nhw, ac wrth eu darllen o dro i dro fe gofiaf y cymeriad cryf ac afieithus a sicrhaodd, gydag eraill, na fyddai ein caneuon traddodiadol yn mynd i ebargofiant.

Kate Roberts

ROEDD YSGOL TÎ Tan Domen y Bala'n ysgol i fechgyn yn unig yn fy amser i, cyn iddi ymuno ag ysgol y merched i greu Ysgol y Berwyn i fyny'r lôn. Ond un o fanteision astudio Ffrangeg neu Gymraeg i lefel A oedd cael troedio draw i dderbyn gwersi gyda'r merched yn yr ysgol arall.

Doedd fawr o fantais addysgiadol i'r trefniant hwnnw gan fod tuedd i dreulio rhan dda o'r wers yn tin-droi ar y daith, neu'n gwylio'r merched yn chwarae pêl-rwyd, cyn ymroi i fyd academia.

Ond cofiaf un achlysur arbennig pan oedd ymweld ag ysgol y merched yn gyfle i gyfarfod ag un o awduron mawr y genedl, neb llai na 'Brenhines ein Llên'. Mam oedd ein hathrawes Gymraeg ar y pryd ac yr oedd hi'n nabod Kate Roberts, a llwyddodd i'w pherswadio i ddod atom i siarad am *Y Byw sy'n Cysgu*, un o'r llyfrau gosod ar gyfer yr arholiad uwch. Doeddwn i ddim yn siŵr beth i'w ddisgwyl a dweud y gwir, a doeddwn i ddim yn berwi gan or-frwdfrydedd chwaith gan nad oedd y nofel dan sylw yn un o fy ffefrynnau, a dweud y lleiaf.

Hen wraig drwsiadus ond di-wên a ymddangosodd o'n blaenau, a thôn gwynfanus i'w llais, a fawr o awydd arni i ysbrydoli criw o ieuenctid y Bala dirion deg. (Peidiwch â 'nghamddeall i – rwy'n gwerthfawrogi'n fawr inni gael y cyfle i'w chyfarfod, yn enwedig gan fy mod yn cynhesu fwyfwy at ei gwaith wrth i'r blynyddoedd fynd heibio, ond ymgais i alw i gof fy nheimladau ar y pryd yw hwn.)

Ar ôl iddi siarad am dipyn – ac ofnaf na chofiaf ddim o'r hyn a ddywedodd – cawsom gyfle i ofyn cwestiynau am *Y Byw sy'n Cysgu*. A dyma finnau, yn llawn hyfdra llencyndod, a mymryn o ddymuniad i ddangos fy hun i'r merched yr un pryd

efallai, yn gofyn i'r awdures pam roedd hi wedi creu diweddglo mor ddigalon i'w nofel. Dyma hithau'n ateb ar unwaith: 'A sut ddiweddglo fyddech chi wedi'i roi iddi, 'ta?', a thra oeddwn innau'n ymbalfalu am ryw fath o ateb rhag cael fy nhrechu yng ngŵydd fy nghyfoedion, ychwanegodd Kate Roberts: 'Pan fyddwch chi wedi cyrraedd fy oed i, ac yn edrych yn ôl ar eich bywyd, fe welwch chitha mai tristwch a digalondid sy'n sefyll allan fwya.' Go brin mai hynny roedd criw o laslanciau a glasferched ar drothwy'r 60au am ei glywed, ond felly y bu.

Y tro diwethaf imi ei gweld, doedd hi fawr hapusach. Yng nghyfarfod coffa D J Williams yr oeddem ni fis Ionawr 1970 yng nghapel Rhydcymerau, y capel lle bu DJ farw ychydig wythnosau ynghynt. Roedd y ddau ohonom yn y sêt fawr yn disgwyl ein tro i gymryd rhan, a minnau'n teimlo y dylwn ddweud rhywbeth wrthi, ac am ryw reswm fe ofynnais a fyddai hi'n hoffi symud yn ôl i fyw i Rosgadfan. Edrychodd arna i fel petawn i wedi rhoi clusten iddi, ac ateb fel ergyd o wn:

'Na fyddwn byth! A wyddoch chi be ma nhw newydd neud? Wedi codi tai cownsil yn union dros y ffordd i Gae'r Gors!' Gwae ni.

Alun Cilie

GOFALAI FY NHAD nad oeddem fel plant yn colli cysylltiad â gwreiddiau ei ochr ef o'r teulu, ac yn enwedig felly â'r Cilie, ac ardal Cwmtydu a Llangrannog. Felly bob haf roedd rhaid mynd ar bererindod i'r fro hyfryd honno yn ne Ceredigion, a galw heibio i rai o'r perthnasau. (Gan na fu'r Cilie erioed yn eiddo i'r teulu, rhaid cyfaddef mai teimlad o chwithdod mawr a gaf wrth deithio heibio i'r Cilie bellach, a'r cysylltiad wedi ei dorri am byth, ond eto mae yna dynfa ryfedd yn dal i'm denu i'r fan.)

Alun Jeremiah Jones, yr ieuengaf o 'fois y Cilie', oedd yr olaf o'r teulu i ffermio yno, ac wedi iddo golli ei briod yn ifanc, arferem fynd yno weithiau i aros ato fe a'i fab afieithus Dylan. (Roedd cysgu yn yr un ystafell â Dylan yn brofiad a hanner, a dychrynais i waelod fy mod ryw noson pan roddodd Dylan ei wallt ar dân i wneud argraff ar ei berthynas ifanc diniwed.) Yn edrych ar ôl Alun a'i fab roedd Olwen, cyfnither i Dylan a thalp o chwerthin a charedigrwydd rhadlon.

Doedd dim moethusrwydd yn y Cilie; a dweud y gwir, roedd hi'n oer ac yn llwm yno, gyda chlocs Olwen yn diasbedain ar y llawr llechi fel pe mewn ogof, a llysenw Alun am y lle oedd 'y Continent', gan mor helaeth a moel oedd yr ystafelloedd. Hongiai'r cig moch cartref o'r nenfwd, ac wedi iddi fod yn casglu'r wyau o gilfachau'r clos, tipyn o ryfeddod imi oedd gweld Olwen yn eu berwi mewn hen dun ffrwythau wedi ei wthio i lygad y tân. Roedd popeth ynglŷn â'r Cilie yn awgrymu ailddefnyddio ac ailgylchu – boed yn y gegin neu ar y fferm. O sôn am fyw'n 'wyrdd' a hunangynhaliol, roedd ffermydd fel y Cilie'n byw'r egwyddor honno ers cenedlaethau.

Ond y rhyfeddod mwyaf o'r cwbwl imi oedd bod y ffarmwr mwyn a blêr a weithiai ar glos y Cilie yn ysgrifennu'r fath gerddi, a'r fath gywyddau caboledig. Pan fyddai Nhad o gwmpas, roedd y sgwrs yn troi'n ddi-feth at farddoniaeth; nid mewn ffordd uchel-ael, ond fel y bydd pobol gyffredin yn trafod y tywydd neu newyddion y dydd: 'Glywest ti'r englyn enillodd yn 'Steddfod Llambed?', 'Be ti'n feddwl o hon?', 'Beth oeddet ti'n feddwl o'r awdl eleni?',

'Wi'n ffaelu'n lân â chael llinell i ateb...'. A'r cyfan yn troi o gwmpas y fferm, y tir, yr anifeiliaid a phobol y gymdogaeth o'u cwmpas. Yn fy myw, ni allaf lai na gweld y cyfan bellach – er nad yw yn fy natur i edrych ar ochr dywyll bywyd – fel diwylliant a ffordd o fyw a chyfnod sydd wedi darfod.

Mae llawer o weithiau bois y Cilie – a rhai o'r merched hwythau – yn hynod o ddifyr fel cynnyrch bro a chyfnod arbennig, ac yn sicr ddigon yr oedd cynganeddu'n rhan annatod o'u byw a'u bod. Ac efallai mai'r modd y tyfodd yr ymrysona cynganeddol rhyngddyn nhw a'i gilydd yn ddifyrrwch naturiol, beunyddiol yw eu harbenigrwydd mwyaf. Mae cryn ôl athrylith y cleciwr cynganeddol greddfol a'r digrifwr ar waith Isfoel, a chryn ddyfnder hudolus yng ngwaith Seimon B. Ond saif gwaith Alun ar ei ben ei hun; ef yn anad neb arall a gododd uwchlaw swyddogaeth y bardd gwlad a rhoi inni berlau arhosol, yn gerddi caeth a rhydd. Roedd ganddo ddawn i gyfleu gwirioneddau mawr mewn ffordd syml ac agos atoch,

ac yn ei soned 'Sgrap' mae'n cyfleu'r newid byd mawr a welsai
mewn modd cofiadwy iawn:

> Bu casglu relics doe o bob rhyw fan
> Yn ddolur llygaid drwy'r prynhawn i mi;
> Hen geriach nad oedd iddynt mwyach ran
> Na lle'n hwsmonaeth ein hoes fodern ni.
> Allan o'r stabl a'r cartws aeth y cwbl –
> Y certi cist, y gambo fach a'r trap,
> Erydr ceffylau o'r ffald, ungwys a dwbl,
> Yn bendramwnwgl ar y domen sgrap.
> Ond er i'r bois gael hwyl yn eu crynhoi
> Wrth gwt y tractor mor ddi-ots a chwim,
> Ac i minnau daro'r fargen, heb din-droi
> Na hocan, am y nesa peth i ddim –
> Aeth rhywbeth mwy na sgrap drwy iet y clos
> Ar lori Mosi Warrell am y rhos.

Cerddi Alun Cilie, Gwasg John Penry

Amy Parry-Williams

Dim ond unwaith y gwnes i ei chyfarfod hyd y gallaf gofio, ond am ryw reswm roedd rhywbeth amdani'n denu sylw ers fy nyddiau ysgol. Mam wnaeth sôn amdani gyntaf, gan eu bod ill dwy'n gyfoedion yng Ngholeg y Brifysgol yn Aberystwyth, gyda rhyw led awgrym fod yna rywbeth gwahanol amdani. Efallai nad oedd yn cymysgu cymaint â rhai eraill, ac eto roedd hi'n mynnu sylw, yn dal ac yn osgeiddig, yn beniog ac yn aml-dalentog, ac oeddwn i'n iawn, tybed, i synhwyro hefyd fod yna elfen fach o eiddigedd yn sylwadau ei chyd-fyfyrwragedd? T H Parry-Williams oedd Athro Adran y Gymraeg, wrth gwrs, ac yn ddiweddarach fe briododd y bardd bychan o gorffolaeth, ond anferthol ei ddawn, y ferch landeg o Gwm Tawe.

Gan mai TH oedd fy hoff fardd yn nyddiau llencyndod, a'i gerddi'n taro tant ar ôl tant rywle yn nwfn fy enaid, roedd hi'n naturiol fy mod yn cymryd diddordeb mawr yn y foneddiges a briododd, yn enwedig felly am fod y ddau'n ymddangos mor wahanol. Cynyddodd y diddordeb wrth imi glywed mwy amdani, ac yn arbennig o glywed mai hi oedd y gyntaf erioed i gael ei recordio'n canu cerdd dant, a'i bod yn hoff iawn o ganu gwerin. Clywais yn ddiweddarach mai hi a gyfansoddodd – ar y cyd â'i phriod – eiriau un o fy hoff ganeuon gwerin, 'Beth yw'r haf i mi?'. Cenais lawer ar y gân honno, a chael fy nghyfareddu gan y briodas hyfryd rhwng y geiriau a'r alaw, a deall mai cais a gafodd yr awduron gan John Roberts Williams i gyfansoddi geiriau i hen alaw draddodiadol.

Beth bynnag oedd y geiriau gwreiddiol (os bu yna rai), go brin y gallen nhw guro ymgais Tomos ac Amy, a bûm yn dyfalu droeon sut aeth y ddau ati i gyfansoddi geiriau mor bersonol, ac mor drist-felys, ar y cyd. Ai hi oedd yn canu'r alaw, ac yntau'n

Amy Parry-Williams yn edmygu gwaith plant yng Nghonwy.
Llun: Llyfrgell Genedlaethol Cymru

cynnig geiriau iddi, neu oedd y ddau mewn gwirionedd yn cydgyfansoddi, ac yn cydganu, fel y dôi'r geiriau o'r lle annelwig hwnnw lle triga pob barddoniaeth? Oedden nhw'n cydio dwylo wrth gyfansoddi, ac yn troi profiad personol yn chwip o gân werin? Neu oedd ef wrth ei deipiadur, a hithau â gwydraid o win wrth y ffenest? Chawn ni byth wybod.

Ond i ddod at yr unig gyfarfyddiad a fu rhyngom. Mae maes yr Eisteddfod Genedlaethol yn lle rhyfedd ar un wedd, gan fod cynifer ohonom yn mynd i gêr neu i fodd gwahanol rywsut, ac am wythnos yn trawsnewid ein personoliaeth i raddau yn hwyl ein gŵyl genedlaethol. Fe wn am wladgarwyr digon swil a thawedog sy'n troi'n genedlaetholwyr penboeth am yr un wythnos honno. Fel y wraig annwyl y gwyddwn amdani fel un o ffyddloniaid distaw'r achos cenedlaethol yn digwydd pasio stondin Sain pan oedd cwsmer wedi gofyn inni chwarae disg arbennig, a'r trac cyntaf a glywyd yn un Saesneg. Rhuthrodd y wraig ataf a'm cyhuddo o deyrnfradwriaeth ac o ladd yr iaith yn y fan a'r lle, a dweud y dylai fod cywilydd o'r mwyaf arna i.

Dwn i ddim ai hwrdd tebyg a darodd Lady Amy, ond rywdro yn y 70au oedd hi, a chanu roc Cymraeg yn darganfod ei draed yn sŵn Edward H a'u tebyg. Daeth y foneddiges i'r stondin a golwg go wyllt arni, gan synnu a rhyfeddu bod pobol ifanc a ymgyrchai dros yr iaith yn defnyddio'r fath ymadrodd erchyll â 'roc a rôl' wrth gyfeirio at y canu newydd hwn. Onid oedd Syr Tomos a hithau wedi bathu'r union ymadrodd am y ffenomen ers rhai blynyddoedd, sef, wrth reswm pawb, 'sigl a swae'? Rhag ein cywilydd!

Diflannodd o'r stondin cyn gyflymed ag y daeth, gan fy ngadael innau'n syfrdan ar ei hôl. Ond wedi ystyried ychydig, doeddwn i ddim yn gweld 'sigl a swae' yn cydio rywsut. Allwch chi glywed Dewi Pws yn bloeddio 'Dwi ishe bod mewn band sigl a swae...'?

Gwyn Erfyl

GWYN ERFYL A wnaeth fy nghyflwyno gyntaf i'r gân hyfryd 'Beth yw'r haf i mi?'. Roedd gan Gwyn lais canu tenor hyfryd, ac unwaith pan euthum i'w weld yng nghartref y teulu yng Nghaerdydd, gofynnodd imi oeddwn i wedi clywed y gân. Pan ddywedais innau nad oeddwn, aeth at y piano a chanu dau bennill, a syrthiais innau mewn cariad â hi ar unwaith. Roedd hyn ynghanol y 60au, a minnau erbyn hynny'n canu'n wythnosol ar raglen *Y Dydd*, ac yn falch iawn o ganfod unrhyw gân newydd i'w chanu gan ei bod yn mynd yn sgrech arna i'n aml i gael un wahanol bob nos Fercher. Ac fe wyddai Gwyn hynny'n iawn.

Addawodd yntau y byddai'n anfon copi o'r geiriau ataf, ac fe gadwodd at ei addewid. Ond dau bennill yn unig oedd yn y fersiwn a gefais gan Gwyn, sef y pennill cyntaf ac yna gyfuniad o ddwy linell gyntaf yr ail bennill a llinellau olaf y trydydd. A dyna'r fersiwn a genais ar *Y Dydd* yn fuan wedyn, a'r fersiwn sydd ar fy recordiad cyntaf o'r gân i label Welsh Teldisc. Rwy'n meddwl mai Dora Herbert a ddywedodd wrthyf nad oeddwn yn canu'r geiriau'n llawn fel y cyfansoddwyd nhw gan Syr Tomos ac Amy Parry-Williams, a chanddi hi y cefais y geiriau'n gyflawn.

Cafwyd sawl seiat ddifyr yng nghwmni'r bardd-bregethwr a'r teledwr dihafal o Faldwyn, ond dim hanner digon. Roedd Gwyn bob amser yn gwmni diddorol, ac yn byrlymu o straeon a ffraethineb sylweddol. Y tro cyntaf imi ei gyfarfod oedd pan oedd yn weinidog ifanc yn Nhrawsfynydd, ac yntau'n dod ar wib i weld fy nhad ar ryw berwyl gweinidogaethol yn ein cartref yn Llanuwchllyn. Roedd Arthur fy mrawd a mi'n cicio pêl o flaen y tŷ pan gyrhaeddodd fel petai o'n ymarfer ar gyfer ras geir yn

Silverstone, a'r cerrig mân o flaen y tŷ'n tasgu i bob cyfeiriad. Bu'n cicio pêl gyda ni am ychydig – gan ddangos mwy o ddawn nag oedd gan fy mrawd a minnau gyda'n gilydd – cyn diflannu i grombil y mans. Ailymddangosodd ymhen cwta hanner awr, anelu cic arall i'r bêl cyn neidio i'r car a diflannu mewn cwmwl o lwch a chawod o gerrig mân, gan adael Arthur a minnau yn edrych ar ein gilydd fel petaen ni newydd weld cyfuniad o'r Ysbryd Glân a'r Lone Ranger.

O'r holl straeon a glywais gan Gwyn, yr orau oedd un oedd yn codi o'i brofiad ar raglen *Y Dydd*. Ar raglen fyw fel honno, mae'n bwysig bod amserlen fanwl yn cael ei chadw, fel bod y bwletinau newyddion yn cael eu darlledu ar yr awr benodedig. Yn nwylo Gwyn roedd y cyfweliad olaf cyn y newyddion, a'i westai oedd gweddw'r arbenigwr ar ganeuon môr, J Glyn Davies. Roedd Hettie Glyn Davies yn wraig fonheddig annwyl a siaradus, gyda thro go anffodus yn ei llygad. Eglurodd Gwyn fod hyn yn ei gwneud hi'n amhosib bron i 'ddal ei llygad' i arwyddo ei bod hi'n bryd dwyn y sgwrs i ben i wneud lle i Eirwen Davies a'r newyddion. Carlamai'r eiliadau heibio, a Hettie yn ei morio hi, a Gwyn yn methu'n lân â'i chael i ddeall ei bod yn bryd tewi.

'Yn y diwedd,' meddai, 'doedd dim amdani ond estyn o dan y bwrdd a gwasgu ei phen-glin hynny fedrwn i.' Stopiodd hithau, wedi dychryn, ynghanol brawddeg, a symudwyd at y bwletin newyddion. Wedi i'r camera fynd at Eirwen Davies, plygodd Hettie i gyfeiriad yr holwr, yn dal mewn rhywfaint o sioc, a gofyn 'Fyddwch chi'n gneud hynna i bawb?'

Y tro diwethaf imi weld Gwyn Erfyl oedd pan ddaeth i bregethu i Gapel Caeathro, ac yntau'n dal yn ŵr ifanc yn bedwar ugain oed. Cofiaf yn dda iddo ofyn yn sydyn ar ganol ei bregeth: 'Ble mae'r bobol ifanc? Dwi ddim isio pregethu i hen bobol, pobol ifanc dwi am siarad â nhw!'

Gwenallt

MEWN PRIODAS OEDDEM ni, yn ystod 60au cynhyrfus y ganrif ddiwethaf, pan oedd y dyfroedd prin wedi oeri yn Nhryweryn, Cwm Gwendraeth wedi ei achub rhag boddi, protestiadau ac achosion llys y Gymdeithas ar bob tu a Gwynfor yn aelod newydd dros Gaerfyrddin. Roeddwn wedi bod yn fyfyriwr i Gwenallt am flwyddyn ar ddechrau'r degawd, ond erbyn fy amser i wrth ei draed roed ei ddarlithoedd wedi colli tipyn o'u sbarc, a blinder y blynyddoedd yn dechrau dweud ar ei nodiadau.

Ond yn y briodas honno cawsom gip ar y person a greodd y farddoniaeth a ysgydwodd Gymru i'w sail, ac a roddodd i'n hiaith y fath gyfoeth o gerddi cignoeth. Dyn bychan o gorffolaeth oedd Gwenallt, a henaint wedi ei wneud yn llai fyth. Ond pan safodd ar ei draed yn y wledd briodas, fe befriodd y bersonoliaeth nes llenwi'r lle, ac yna fe ganodd y gân werin 'Yr Hen Wyddeles' mewn llais bychan clir, a phob nodyn a phob gair yn eu lle. Roedd tinc y baledwr greddfol yn ei lais, a golwg gellweirus yn ei lygaid. Wedi'r cyfan, doedd y gân ddim yn gweddu'n hollol i wledd briodas, gan mai cân go fras ydoedd am wraig oedd mor ddi-drefn nes i'r canwr honni: 'Fe haeddai'r witsh gael ei chicio' – bron cyn waethed â geiriau'r gân a anfarwolwyd gan Tom Jones, 'Delilah', sy'n awr yn cael ei chanu'n ddefosiynol gan gorau cyn gêm rygbi ryngwladol fel rhyw fath o ail anthem Gymreig!

A'i dafod yn ei foch y canai'r bardd y gân werin ar yr achlysur hwnnw, er i nifer ohonom sylwi iddo ddatgan y llinell a ddyfynnwyd uchod gydag arddeliad arbennig, a chawsom dipyn o hwyl yn tynnu arno wrth sgwrsio wedi'r wledd. Gan fod cynifer o'i gyn-fyfyrwyr yn y briodas honno, roedd hi'n

Llun: Llyfrgell Genedlaethol Cymru

rhyfeddol mor hy oedd rhai ohonom arno, ac roedd yntau'n amlwg yn mwynhau ei hun yn ein cwmni. Ac yna fe ddywedodd rywbeth eithaf annisgwyl, rhywbeth sydd wedi aros gyda mi byth ers hynny.

Dywedodd, pe câi ei amser drosodd drachefn, mai'r un peth a fynnai fyddai'r ddawn i chwarae'r gitâr, a chyfeilio i'w ganeuon ei hun. Dyna'r ffordd orau o ddigon, meddai, i fynd â barddoniaeth at y bobol. Pwy fyddai'n meddwl?

David Lloyd

TAIR SEREN OEDD yna yn wybren y byd canu Cymraeg pan oeddwn i'n llanc ifanc: Bob Roberts Tai'r Felin, Triawd y Coleg a David Lloyd. Ac os oedd rhywbeth yn siŵr o 'nhynnu allan o'r gwely yn y bore, llais David Lloyd yn dod i fyny'r grisiau o weiarles y gegin oedd hwnnw. Does dim esbonio ar apêl o'r fath: roedd rhyw elfen nad oes modd ei mesur na'i hegluro yn perthyn i'r llais, a minnau'n fachgen dengmlwydd yn llwyr o dan ei gyfaredd.

Wrth i'r blynyddoedd fynd heibio, ac wrth i minnau ddysgu mwy am y canwr o Drelogan, roedd popeth a glywn fel petai'n ychwanegu at y swyngyfaredd. Y saer coed ifanc yn cael ei 'ddarganfod' mewn eisteddfod leol, yn ennill ysgoloriaeth i Lundain, yn cymryd lle Jussi Björling, un o denoriaid enwocaf y byd, pan oedd hwnnw'n sâl, gyrfa ddisglair yn ymagor o'i flaen a gwahoddiadau'n llifo o bob cwr o'r byd. Roedd digon o ddeunydd yma i beri bod ymestyn hael ar y ffeithiau, wrth gwrs, ond yna fe drodd y stori, fel y mae'n rhaid i bob stori dda droi. Ataliwyd yr yrfa ddisglair gan y rhyfel, a'r Cymro talsyth yn ei lifrai yn cynnal cyngherddau o gwmpas Cymru i godi arian, ac i gefnogi ei gyd-filwyr. Y straeon yn amlhau am y modd y llenwai bob lle, a'r torfeydd yn eu dagrau. Ac yna'r drychineb, a'r canwr yn baglu ar geblau ar set y BBC a thorri ei gefn, a'r llais yn gorfod tewi. Bu'n gorwedd am fisoedd lawer, a'i fywyd yn y fantol am gyfnod, ond yna, ymhen rhai blynyddoedd, y llun enwog ohono gan Geoff Charles yn ymddangos ar flaen *Y Cymro* yn cyhoeddi ei fod ar fin ailgychwyn canu, a'r genedl yn dal ei gwynt. Fe wnaeth ambell recordiad ac ambell raglen deledu wedi 'dod yn ôl', ond ni ddaeth y llais fyth eto i'w lawn ogoniant.

Llun: Llyfrgell Genedlaethol Cymru

Tua'r adeg yma y gwelais i David Lloyd yn y cnawd am y tro cyntaf, a'r tro olaf. Roedd yn feirniad yn Eisteddfod Genedlaethol y Bala yn 1967, a minnau wedi taro mewn i'r siop a alwem yn Siop Dil pan oeddwn yn ddisgybl yn y Bala (lle'r aem i brynu fferins, neu baced pump o Woodbines, os oedd ceiniog neu ddwy yn ein pocedi). Ac yno wrth y cownter, yn gofyn am becyn o sigaréts, oedd fy arwr; yn edrych ryw ychydig yn flêr efallai, ond yn dal yn arwr, fel na fedrwn wneud dim ond sefyll, wedi fy hoelio i'r llawr, a syllu arno'n gegagored. David Lloyd! Yn Siop Dil! Yn prynu ffags...

Rhyfedd fel y mae hanes cynifer o gantorion mawr yn hanes trist, fel petai'r ddawn o gyfareddu torf gyda'r llais, ac o ddinoethi'r enaid ar lwyfan, yn mynd yn drech na'r canwr ei hun yn y diwedd. Ond pan glywaf y llais arian hwnnw'n ei morio hi tua bryniau Aberdyfi, neu Lausanne, neu'n wylo ar ôl Goronwy Wyn ar Sul y Blodau, mae trasiedi ei fywyd fel petai'n ychwanegu eto fyth at gyfaredd rhyfeddol y gŵr o Drelogan.

Bob Roberts, Tai'r Felin

UN ARALL O'R lleisiau a aeth â'm bryd yn grwtyn oedd llais y baledwr o Gwm Tirmynach, Bob Roberts. Tyfodd chwedloniaeth o gwmpas y cymeriad hwn nes ei wneud yn fwy na chanwr gwerin. Onid oedd wedi cael ei 'ddarganfod' ac yntau ymhell yn ei saithdegau? Wrth reswm, roedd wedi bod yn canu trwy'i oes yn ei filltir sgwâr ym mro Penllyn, ond unwaith y rhoddwyd o ar y radio gan Sam Jones, a hynny gyda chriw'r *Noson Lawen*, daeth yn enwog trwy Gymru Gymraeg benbaladr.

Does gen i ddim amheuaeth mai Bob Tai'r Felin oedd y canwr pop cyntaf yn Gymraeg, a hynny cyn i'r term gael ei fathu. Roedd ganddo'r priodoleddau i gyd – ar wahân i ieuenctid! Ond roedd yn ifanc ei ysbryd, yn afieithus ei ddull o ganu, ac yr oedd ganddo'r peth prin hwnnw sy'n tanio cynulleidfa, ac yn enwedig felly'r merched. Mae gwrando ar natur y gymeradwyaeth ar hen recordiadau'r *Noson Lawen* yn ddigon o brawf bod rhyw drydan yn mynd trwy'r lle pan oedd Bob yn canu.

Roeddwn yn gyfarwydd â'r llais ar y radio, ond cefais y cyfle i'w weld a'i glywed yn y cnawd yn ifanc iawn pan ddaeth parti Noson Lawen Llwyd o'r Bryn i Frynaman i'n diddanu. Roedd adeilad yr Aelwyd dan ei sang, a phawb yn eu hwyliau, a doedd dim dwywaith mai Bob oedd y seren a'r prif atyniad. Roeddwn i'n ifanc iawn ar y pryd, a does gen i fawr o gof am y noson ei hun o ran y perfformiadau, ond mae gen i gof plentyn o'r mamau'n hel o gwmpas Bob wrth i'r artistiaid

Cofeb Bob Roberts.
Llun: Llyfrgell Genedlaethol Cymru

eistedd i lawr am frechdan a phaned, fel gwenyn o gwmpas pot jam.

Honno oedd y noson y cyfeiria Robin Williams ati mor gofiadwy yn ei ddarlith 'Y Tri Bob' pan ofynnodd y merched i Bob: 'Gymrwch chi ddishgled o de, Bob Roberts?' Ac yntau'n ateb, wedi synnu braidd at y fath gynnig anarferol o hael: 'Ew na, mi neith paned yn hen ddigon, diolch!' Wedi'r cyfan, roedd yr hen faledwr ymhell iawn o'i gartref ac mewn gwlad ac iddi dafodiaith ac arferion digon diarth, a bosib iddo gredu bod y coliers yn arfer yfed eu te o ddysglau ymolchi. Yn sicr ddigon, rwy'n cofio'r cyffro benywaidd o gwmpas yr hen ŵr penwyn yn glir.

Yr atgof arall yw cael fy nghodi'n uchel ym mreichiau Nhad i ddweud ffarwél wrth i aelodau'r parti gychwyn eu hirdaith adref yn y bws, a golwg ddigon blinedig ar Lwyd o'r Bryn fel y credwn i ar y pryd. Ond doedd Bob Roberts ddim ar y bws; roedd ganddo gar ei hun, a gyrrwr i'w ddanfon, ac yr oedd y ddau'n aros yn ein tŷ ni dros nos. Roeddwn i wedi mynd i'r gwely cyn iddyn nhw gyrraedd y tŷ, ac yn y bore rhedais i ystafell Dad a Mam a dychryn am fy mywyd wrth weld henwr mwstasog mewn *long johns* yn codi o'r gwely! Rhedais o'r ystafell fel petawn i wedi gweld drychiolaeth, ond cefais hanner coron gan yr hen felinydd i wneud yn iawn am fy nychryn.

O'r funud honno, roeddwn i'n ystyried fy hun yn gyfaill personol i Bob Tai'r Felin, canwr pop cyntaf y Gymru Gymraeg. Ac wrth i minnau heddiw ganu rhai o'r caneuon a'i gwnaeth yn enwog, ni allaf ond gobeithio bod yna rhyw fymryn o dinc ac afiaith Tai'r Felin yn fy llais.

DJ

Roedd mynd i gynadleddau Plaid Cymru yn brofiad difyr i mi'n llanc, nid yn unig oherwydd y dadlau gwleidyddol (ac ar adegau, yr oedd y dadlau a'r ymgynghreirio'n bur ffyrnig), ond am mai yno y gwelais i gyntaf gynifer o wŷr a gwragedd enwog ein cenedl. Wrth gwrs, doedden nhw i gyd ddim yn enwog y tu allan i gylchoedd llên a barddoniaeth a chenedlaetholdeb Cymraeg, ond i mi roedden nhw'n bobol o bwys, yn enwau y clywais fy rhieni'n sôn amdanyn nhw gydag edmygedd mawr ers blynyddoedd. A nifer ohonyn nhw'n feirdd a llenorion o fri.

Y cymeriad y cofiaf yn glir y wefr (a defnyddiaf y gair treuliedig hwnnw'n ofalus iawn) o'i weld am y tro cyntaf oedd D J Williams, Abergwaun. Roeddwn ar drothwy fy mhen-blwydd yn un ar bymtheg, ac wedi teithio ar fy meic newydd o Lanuwchllyn i Ysgol Haf Ieuenctid y Blaid yn Llangefni ddiwedd Gorffennaf 1959. Arhosais ymlaen ar gyfer diwrnod cyntaf y gynhadledd ei hun, cyn symud ymlaen i wersylla gydag Arthur fy mrawd dros gyfnod yr Eisteddfod Genedlaethol yng Nghaernarfon.

Rwy'n weddol siŵr mai yn y gynhadledd honno y gwelais i DJ am y tro cyntaf, yn rhannu jôc gyda Gwynfor Evans; sefais yn stond a syllu ar y dyn oedd yn chwedl yn ein cartref ni. Doeddwn i ddim wedi darllen dim o'i waith hyd y cofiaf, ond fe wyddwn ei fod yn un o driwyr Penyberth, ac wedi bod yn y carchar. Fe wyddwn iddo ysgrifennu cyfrolau lawer, a'i fod wedi bod yn goliar ac yn dipyn o godwr pwysau a bocsiwr yn ei ddydd. Ac mi glywswn ei fod yn gwerthu'r *Ddraig Goch* a'r *Welsh Nation* y tu allan i dafarndai Abergwaun. Pethau felly oedd deunydd chwedloniaeth ein haelwyd ni.

Ond mae rhyw gyfaredd na allaf ei esbonio'n perthyn i DJ sydd uwchlaw y ffeithiau moel. O'r funud y gwelais ef yn gwneud i Gwynfor chwerthin, a'i fochau coch yn sgleinio, a'i lygaid yn pefrio y tu ôl i'r sbectol National Health, fe gydiodd yn fy enaid rywsut, a gwelwn ef fel ymgorfforiad o genedlaetholdeb iachus, gwerinol, afieithus a naturiol. A phan ddeuthum i ysgrifennu caneuon rai blynyddoedd yn ddiweddarach, does neb wedi ymddangos yn y cerddi hynny'n amlach na'r gŵr o Rydcymerau, y gŵr â'r 'wên na phyla amser' mohoni.

Prin oedd yr achlysuron pan gefais y cyfle i siarad â DJ, a'r un sy'n neidio i'r cof yw'r tro hwnnw yn llys ynadon Aberteifi, fis Hydref 1969, pan oedd Gwynn Jarvis, Morys Rhys a minnau, fel swyddogion Cymdeithas yr Iaith ar y pryd, yn cael ein cyhuddo ar y cyd o fod wedi 'annog' Ffred Ffransis i dorri'r gyfraith! Un o'r achosion chwerthinllyd hynny a grëwyd gan gyfundrefn gyfreithiol nad oedd yn gwybod sut i ddelio â'r mudiad iaith, ac yr oedd DJ yno gyda ni gydol yr achos, i ddangos ei gefnogaeth. Yn ystod y cyfnod hir pan fu'r ynadon 'yn ystyried' y ddedfryd, roedd DJ yn mynd o gwmpas y plismyn a'r cyfreithwyr a swyddogion y llys yn holi: 'Ac o ble y'ch chi'n dod, 'te?' Fe wrandewais ar nifer o'r sgyrsiau hynny, a dotio at ffordd DJ o ganfod rhywbeth yn gyffredin rhyngddo a'r rhan fwyaf o'r rhai a holai, a'r rheini'n ddigon balch ar y cyfan i brofi eu bod o wehelyth Cymraeg, ac yn Gymry i'r carn. Cofiaf yn dda iddo ddweud rhywbeth tebyg i hyn wrth un plismon: 'Wel y jiw jiw, Marged Ifans Pwll-mawn o'dd 'ych mam-gu chi, ife? Wi'n ei chofio hi'n iawn.'

Colli'r achos fu ein hanes, wrth gwrs, a daeth DJ ataf i ysgwyd llaw ar y diwedd a rhoi gair o gysur inni: 'Pidwch poeni, Dafy' bach, ma fory i ga'l 'to.' Tra byddaf byw, anghofia i byth yr ysgwyd llaw hwnnw – â chadernid oes o gredu yn ei afael.

Iorwerth Jones

ROEDD MYND I Aberhosan i dreulio rhan o wyliau haf neu Basg ar fferm Nantyfyda gydag Wncwl Morus ac Anti Sera yn uchafbwynt y flwyddyn i ni'r brodyr am gyfnod o ddeng mlynedd a mwy. Dros y cyfnod hwnnw, a'r mynych ymweliadau wedi hynny, daethom i nabod y rhan fwyaf o drigolion yr ardal yn dda, ac un o'r cymeriadau mwyaf arbennig oedd Iorwerth Jones.

Roedd Iorwerth yn un o ffrindiau agosaf Wncwl Morus, yn un o'r criw a arferai hel ynghyd yn swyddfa bost y pentref, neu yn nhŷ bychan yr annwyl Mair Jones drws nesaf, yn enwedig ar nosweithiau Sadwrn hwyr, i seiadu a thynnu coes pwy bynnag a fyddai'n ddigon anffodus i alw heibio. Iorwerth, Morus, George Jones a Richard Mynachdy oedd y prif actorion yn y ddrama wythnosol hon.

Ond roedd Ior yn gymeriad ar ei ben ei hun, ac yn ŵr amryddawn a fedrai droi ei law at sawl cyfrwng a chrefft. Un distaw ydoedd o ran natur, ond a chanddo wên ddireidus a pharod ar ei wyneb, a'i briod waith, fel 'tai, oedd gwarchod a rhedeg cŵn hela Plas Machynlleth, cŵn a gedwid yn Aberhosan yn y cyfnod hwnnw. Ond ei wir ddiddordeb mewn bywyd oedd creu pethau, boed o bren neu gyda phaent neu bensel neu mewn geiriau. Mae'n debyg mai dull *primitive* y byddai'r arbenigwyr yn galw ei arddull wrth gerfio ac arlunio, ac ni fu dan unrhyw fath o hyfforddiant ffurfiol hyd y gwn i. Ond mae yna ryw rym rhyfedd yn ei waith – a stori neu chwedl y tu ôl i'r cyfan. O ddyn oedd wedi treulio cymaint o amser yn troedio'r llechweddau yn hela llwynogod, roedd ganddo feddwl y byd o'r anifail hwnnw, a pharch mawr at ei reddf a'i gyfrwystra wrth ddianc rhag yr helfa. Fe brynais lun ganddo o ben llwynog

Llun: Cymdeithas Hanes Lleol Aberhosan

yn ymddangos o'r llwyni – nid ei fod yn disgwyl tâl amdano chwaith – ac y mae yna fflam yn ei lygaid na ellid bod wedi ei chreu ond gan arlunydd oedd yn deall yr anifail yn ei gynefin.

Dysgodd Iorwerth ei hun i gynganeddu, a daeth yn gystadleuydd cyson mewn eisteddfodau bach a mawr. Enillodd sawl cadair ymhell ac agos, ac er ei fod ef ei hun bob amser yn ostyngedig iawn ynglŷn â'i ddoniau fel bardd, does dim dwywaith i'r barddoni erbyn blynyddoedd olaf ei fywyd gymryd drosodd fel ei brif gyfrwng, ac yr oedd wrth ei fodd yn cael ei gydnabod am hynny, er na chwenychodd sylw am ddim byd erioed. Pan fyddaf yn ystrydebu am y 'diwylliant Cymraeg' a'r 'werin ddiwylliedig', am bobol fel Iorwerth y byddaf yn meddwl, a dyw hi ddim yn ystrydeb wag o gwbwl.

Lewis Valentine

DIWRNOD YR ARWISGO oedd hi, yng Ngorffennaf 1969, ac fel y digwyddodd, roedd dau ffrind imi wedi penderfynu priodi ar yr union ddiwrnod hwnnw. Roeddem ni'r gwahoddedigion i gyd yn falch iawn o gael rhywbeth amgenach i'w wneud ar y diwrnod, oherwydd doedd yr un wan jac ohonom yn cefnogi'r Arwisgo nac ar feddwl gwneud dim ond anwybyddu'r miri'n llwyr. Ac ni wn hyd y dydd heddiw a oedd y gwesty lle cynhaliwyd y wledd yn Llanelwy yn credu bod y pâr ifanc wedi dewis y dyddiad o barch ynteu o amarch i'r tywysog smâl a urddwyd yn nhre'r Cofi.

Ta waeth, roedden nhw'n ddyddiau stormus, a chriw amryliw'r FWA'n cael eu carcharu ar yr union ddyddiad, a dau druan yn cael eu lladd gan ffrwydriad yn Abergele y bore hwnnw wrth i'r trên brenhinol deithio tua'r gorllewin. A dyna ninnau'n griw yn ymgasglu yn Llanelwy i ddathlu priodas, a'r eisin ar y gacen oedd mai'r Parch. Lewis Valentine oedd yn gweinyddu'r gwasanaeth, ac oedd, roedd am ddod i'r wledd!

Roedd hyn oll fel breuddwyd yn cael ei gwireddu i ni'r gwahoddedigion. Gwyddem am Valentine, wrth gwrs, yn bennaf fel un o driwyr Penyberth, ond roedd y briodferch yn ei nabod trwy enwad y Bedyddwyr a thrwy gysylltiad â phentref Rhosllannerchrugog. Ac edrychem ymlaen, yn enwedig ar ôl gwrando ar ei ymadroddi coeth a deallus yn ystod y gwasanaeth, i sgwrsio ag ef, yn enwedig am hanes llosgi'r ysgol fomio a'r achosion llys a ddilynodd. A chawsom ni mo'n siomi. Heb unrhyw arlliw o ymffrost na gorliwio, cawsom o enau'r dyn mawr ddisgrifiad manwl a phersonol o'r hanes. Yn ei ffordd naturiol ef ei hun yr oedd yntau wrth ei fodd yn cael cynulleidfa ifanc oedd yn awchu am wybod

Llun: J E Jones, Plaid Cymru

y cyfan, ac oedd, wrth gwrs, yn coleddu yr un syniadau ag yntau.

Profiad ysgytwol oedd clywed Lewis Valentine yn sôn am yr achosion llys, yn enwedig yr ymddangosiadau cyntaf ym Mhwllheli pan oedd atgasedd y dorf ar ei waethaf, a'r rhegi a'r poeri'n dod o bob cyfeiriad. Roedd rhai ohonom wedi cael profiadau tebyg yn sgil protestiadau'r Gymdeithas, ond dim mor eithafol â'r hyn a ddisgrifiwyd gan Valentine y diwrnod hwnnw. A'r hyn sy'n aros yn y cof yw'r modd urddasol yr adroddwyd yr hanes, heb unrhyw arwydd o gasineb o gwbwl tuag at y rhai a ymosododd arnyn nhw ym Mhwllheli. Diwrnod a phrofiad i'w gofio, yn wir.

Wrth edrych yn ôl, yr eironi mawr yw i rai ohonom ni brofi rhywfaint o ymateb tebyg i'r hyn a welodd y tri ym Mhwllheli wrth deithio adref trwy'r dorf yn y Bala drannoeth, a'r dorf honno'n disgwyl ymweliad y tywysog Prydeinig ger cofgolofn Tom Ellis yn y Bala dirion deg.

Niclas y Glais

ROEDD NHAD A Mam wedi dweud ychydig o hanes Niclas y Glais wrthyf cyn iddo ddod i bregethu i'r Hen Gapel yn Llanuwchllyn ddiwedd y 50au. Dim llawer, ond digon i greu chwilfrydedd mawr am y bardd-bregethwr o Gomiwnydd a fu yng ngharchar fwy nag unwaith oherwydd ei gredoau. Ac fe gyrhaeddodd, gyda'i gap stabal, ei dei-bo, ei lais melys a'i gytseiniaid yn clecian. Henwr ifanc ei ffordd ac addfwyn

T E Nicholas (ar y chwith) gyda D J Williams.
Llun: Llyfrgell Genedlaethol Cymru

ei barabl wrth y bwrdd cinio ydoedd, a ninnau'r brodyr yn glustiau i gyd.

Ar ôl y pryd, fe gefais i'r swydd o fynd ag ef at y wraig dda oedd am wneud te iddo ar ôl oedfa'r pnawn; dim ond cerdded gydag ef trwy'r pentref, dangos y tŷ iddo, ac yna cerdded yn ôl yn fy mhwysau. Fe rown y byd am gael cofio popeth a ddywedodd ar y daith fach honno trwy'r Pandy, oherwydd roedd rhyw gyfaredd hynod yn ei sgwrs, a minnau'n ymwybodol rywsut fod yr henwr mewn tei-bo a chap stabal yn rhannu doethineb oes gyda mi.

Ond er mawr gywilydd imi, dim ond un sylw sy'n aros yn glir yn y cof. Wrth inni basio stryd fach groes ynghanol y pentref, trodd yr hen bregethwr ei ben a dweud: 'Mi fues i yng nghegau'r saint yn y stryd fach yna flynyddoedd lawer yn ôl.' Wrth weld y benbleth yn yr olwg ar fy wyneb mae'n debyg, aeth ymlaen i egluro: 'Rhyw dipyn o ddeintydd crwydrol oeddwn i ar y pryd, ac mi ro'n i'n cael lle gan wraig fach garedig yn y tŷ pen acw; ond mae blynyddoedd ers hynny, wrth gwrs.

Roedd yr enigma a elwir yn Niclas y Glais yn tyfu'n fwy o ryfeddod gyda phob cam o'r daith.

Lŵi

ADERYN BRITH OEDD Edward Myrddyn Lewis – neu Lŵi i roi iddo'i enw iawn – a Chofi i'r carn. Aelod o un o sawl teulu niferus sy'n rhan o wead clos y gymuned Gymraeg drefol fwyaf yn y byd, ac a elwir fel arfer yn Sgubor Goch. Mae gan bob un o'r teuluoedd mawr yma lysenw, a'r enw a roddwyd ar deulu Lŵi yw 'Aberdyfs', na ŵyr neb yn sicr ei darddiad. Daethom yn gyfeillion yn ystod ymgyrchoedd etholiad Dafydd Wigley yn 1974, a pharhau felly yn ystod sawl ymgyrch ar draws y blynyddoedd tan ei farw yn 2011.

Dwi ddim yn gor-ddweud pan ddywedaf fod Lŵi'n allweddol ym muddugoliaeth Plaid Cymru yn Arfon yn etholiad tyngedfennol Chwefror 1974. Nid y fo'n bersonol, ond yr hyn yr oedd yn ei gynrychioli, sef gwerin bobol Gymraeg Caernarfon a'r cylch. Oni bai i Dafydd Wigley a'r Blaid lwyddo i ennill cefnogaeth trwch y bobol hyn, ni fyddai buddugoliaeth yn bosib. Ond fe wnaed hynny, yn rhannol trwy ddulliau ymgyrchu hwyliog, swnllyd, llawn baneri, hetiau a bathodynnau y cyn-Dori di-Gymraeg Brian Morgan Edwards, ac yn rhannol trwy gael aelodau o'r gymuned ei hun i fod yn rhan o'r ymgyrchu. Wrth gwrs, roedd cael corwynt o ymgeisydd fel Dafydd Wigley a fficsar go iawn o Drefnydd fel Wmffra Roberts yn help garw, ond roedd Lŵi yntau yn rhan bwysig o'r cynllun cyfan.

A doedd dim angen perswadio Lŵi; roedd yn genedlaetholwr wrth reddf. Does dim esbonio ar beth felly – cenedlaetholwr ydoedd, a dyna fe. Doeddem ni byth braidd yn trafod polisi fel y cyfryw, ac eto fe wyddai Lŵi'n reddfol beth oedd safbwynt y Blaid ar bethau, a gwyddai bwysigrwydd cael pobol gyffredin yn aelodau, a chael cynghorwyr ac aelodau'r Blaid i gwffio dros bethau sylfaenol fel tai a gwaith a chyfleusterau i'r hen,

yr ifanc a'r anabl. Ond yn y bôn, cenedlaetholwr oedd Lŵi a fyddai wedi sefyll dros hawl ei wlad i fod yn rhydd trwy ddŵr a thân, a brwydro i'r eithaf pe bai raid, beth bynnag oedd y 'maniffesto'.

Ond gwneud y pethau bach hanfodol oedd cyfrinach cyfraniad Lŵi. Ac os buoch yn meddwl rhywdro sut y llwyddai Dafydd Wigley i gael cynifer o geir i ddangos ei sticeri *day-glo* llachar, does dim angen edrych ymhellach na Myrddyn Lewis. Bob etholiad, safai Lŵi am oriau wrth fynedfa archfarchnad Leos (Tesco erbyn hyn), a chynnig sticer i bob car a fyddai'n gadael. Ac yr oedd y rhan fwyaf yn derbyn gan Lŵi, ac yn eu dangos. Ac nid am un etholiad yn unig y gwnâi hyn, ond un etholiad ar ôl y llall, glaw neu hindda.

Roedd Lŵi'n gôl-geidwad deheuig yn nyddiau ei lencyndod, a bu ar lyfrau Wrecsam am gyfnod. (Haerodd rhai mai dringo wal gefn Tesco bach i gasglu at yr anghenus a roddodd iddo sgiliau a chyhyrau ceidwad gôl, ond onid oedd Twm Siôn Cati'n dwyn oddi ar y cyfoethog hefyd yn ei ddydd?) Bu ef a'i briod yn rhedeg siop ffrwythau a llysiau lwyddiannus yn Stryd Llyn am flynyddoedd, a magu llond tŷ o blant; enwodd un o'u meibion ar ôl tîm rygbi disglair Cymru yn y 70au – y pymtheg enw'n un rhes!

Daliodd afiechyd yr hen Lŵi yn ystod deng mlynedd olaf ei oes, a chollodd ei ddwy goes oherwydd problemau cylchrediad y gwaed. Ond ni wnaeth hynny hyd yn oed ei gaethiwo, a golygfa gyffredin oedd gweld Lŵi ar ei sgwter trydan yn gwibio hyd y pafin ar ei daith gyson i'r Goron am sgwrs. Parhaodd ein cyfeillgarwch hyd y diwedd, a bu'n gefn da imi yn ystod helyntion ad-drefnu'r ysgolion; teimlodd sawl un a fu'n pardduo'r Blaid yn y cyfnod hwnnw frath ei dafod mewn ieithwedd liwgar iawn!

Roedd dewrder Lŵi yn ystod ei driniaethau mynych a phoenus yn chwedlonol; mynnodd aros ar ddi-hun yn ystod un driniaeth, er gwaetha'r cyngor meddygol, a haerodd y llawfeddyg na welodd neb yn dioddef poen yr un fath. Dro arall, pan oedd mewn ysbyty yn Lerpwl, honnodd y meddyg ei fod yn dioddef alergedd i'r dŵr tap. 'Amhosib!' meddai Lŵi. 'Sut felly?' gofynnodd y meddyg. 'Dŵr Cymru ydi o!' oedd yr ateb, a'r llais cryg yn awgrymu holl gamwri boddi Tryweryn. Bu Lŵi a'r meddyg hwnnw'n gyfeillion mynwesol byth wedyn.

Ddiwrnod ei angladd ym mynwent Peblig yng Nghaernarfon, a gwynt Chwefror yn chwythu'n oer, gollyngwyd ei arch yn araf i bridd ei hoff dref, a'r mab hynaf Seimon wrth wneud hynny'n yngan y geiriau a glywodd droeon gan ei dad mae'n siŵr: 'Cym bwyll, cym bwyll.'

T H Parry-Williams

UNWAITH YN UNIG y cefais y cyfle i fod yng nghwmni'r bardd o Ryd-ddu. Roedd wedi bod yn dipyn o arwr imi ers dyddiau ysgol, gan imi ei chael yn gymharol hawdd i fwynhau ei gerddi, ac i ysgrifennu amdanyn nhw mewn arholiad. Roedd ei gerddi'n taro tant ar ôl tant yn fy nhu mewn rywsut; roeddwn yn dotio at ei ddawn i ddweud pethau mawr mewn geiriau syml a chofiadwy. Ac yna symud ymlaen o'i gerddi i'w sonedau ysgytwol a'i ysgrifau difyr. Sawl gwaith y diolchais amdano am fod yn gymorth mewn cyfyngder yn ystafell unig yr arholiad.

Tra oeddwn yn tynnu at ddiwedd fy nghwrs yn Ysgol Bensaernïaeth Cymru, gofynnwyd imi ganu baled ar y rhaglen banel deledu oedd yn edrych ar hen greiriau dan gadeiryddiaeth Frank Price Jones. Y faled oedd 'Tair Erw a Buwch' o waith fy hen daid Jeremiah, yn ategu ymgyrch fawr y Rhyddfrydwyr dan Gladstone. Roedd y bardd o Ryd-ddu ar y panel, ac Alwyn D Rees a Meredydd Evans os iawn y cofiaf, a Rhydderch Jones yn cynhyrchu.

Recordiwyd y rhaglen ym Mangor, a chlywais si fod gwahoddiad i bawb yn ôl i gartref Frank Price Jones wedi gorffen recordio. Wel, nid i 'bawb' efallai, am nad oedd gan yr hen Frank fawr i'w ddweud wrth giwed Cymdeithas yr Iaith, ac felly nid estynnwyd y gwahoddiad yn ffurfiol i 'nghyfeiriad i. Ond doeddwn i ddim am golli'r cyfle i dreulio ychydig oriau yng nghwmni'r fath gewri difyr, gwahoddiad neu beidio, ac felly fe ddois o hyd i'r tŷ, a chnocio ar y drws gan edrych mor barchus a didaro ag y medrwn. Agorodd priod y dywededig Frank y drws, a disgynnodd ei gwep wrth fy ngweld i; 'Yma mae'r parti?' gofynnais yn ddiniwed. Chwarae teg iddi, fe

T H Parry-Williams yn yr ardd yn Aberystwyth gyda'i wraig, Amy.
Llun: Llyfrgell Genedlaethol Cymru

gefais fynd i mewn, a dwi'n rhyw feddwl bod rhai o'r cwmni, yn enwedig fy hoff fardd, yn eithaf balch o 'ngweld i.

Roedd yn noson ddifyr iawn, a Rhydderch yn annog pawb yn ei dro i adrodd stori neu ddweud pwt o hanes. Un o'r rhai mwyaf anodd i'w gael i gyfrannu oedd y bardd, ond roedd hi'n amlwg bod Rhydderch wedi ei glywed yn adrodd ei straeon o'r blaen: 'Be am y stori am y peth a'r peth, TH?' Ac o dipyn i beth, fe ddôi'r straeon, a'r llais unigryw'n rhoi lliw arbennig iddyn nhw.

Doedden nhw ddim yn straeon digri iawn, yn tueddu i ddibynnu ar chwarae ar eiriau, ond yr oedd clywed yr athrylith gostyngedig yn eu llefaru'n hamddenol yn ei lais dwfn, cyfoethog yn un o'r profiadau prin hynny sydd wedi aros gyda mi byth wedyn. Ni chofiaf ond un o'r straeon, a honno am gwpwl o ardal Rhyd-ddu – ble arall? – oedd wedi gwneud eu siâr o ffraeo yn ystod eu hoes, nes yn y diwedd i'r hen frawd benderfynu mai digon yw digon, ac aeth allan i'r beudy i'w grogi ei hun. Bu wrthi'n stryffaglio gyda'r rhaff am sbel, ond chafodd o ddim hwyl arni ac roedd pob ymdrech yn fethiant llwyr. Yn y diwedd, gwaeddodd ar ei wraig i ddod i roi help llaw iddo. 'Na wna i wir,' gwaeddodd hithau arno, 'gwnewch amdanoch eich hun eich hun!'

Graf

Nɪᴅ ᴛᴇsᴛᴜɴ ᴜɴ stori na hanes un cyfarfyddiad mo Ray Gravell, ond rhyferthwy o Gymro sydd eisoes wedi llenwi sawl cyfrol o atgofion ac wedi serennu mewn sawl rhaglen deyrnged, ac sy'n debyg o sbarduno sawl un arall yn y dyfodol.

Fe fyddaf yn ei chael hi'n anodd i beidio â sôn amdano mewn cyngerdd hyd heddiw, a hynny am fod y caneuon wedi golygu cymaint iddo yn ystod ei fywyd. Ac nid brolio fy nghaneuon i yw hynny, oherwydd yr oedd caneuon sawl un, yn Saesneg (gydag acen Wyddelig fel rheol) yn ogystal â Chymraeg, yn tanio brwdfrydedd Ray Gravell; caneuon a barddoniaeth hefyd. Wrth iddo drwytho'i hun ar gyfer ei waith darlledu, yn y ddwy iaith, ar deledu a radio, dysgodd Ray lwythi o'r caneuon a'r cerddi hyn ar ei gof, ac nid oedd yn fyr o'u dyfynnu gydag afiaith ar yr esgus lleiaf pan fyddai'r hwyl yn ei daro.

Ac yr oedd yr hwyl yn taro Ray yn fynych; anaml y gwelem yr ochr arall iddo, er ei holl ansicrwydd a'i duedd i amau ei berfformiad ei hun, a'r cwestiwn parhaus 'O'dd hwnna'n iawn? Ti'n siŵr? Ddylen i fod wedi…?' Oedd, roedd yna ansicrwydd, ac eto, byrlymai ei afiaith trwy'r cyfan, a gallai Ray wneud i rywun deimlo nad oedd neb yn bwysig yn yr holl fyd ond yr un yr oedd yn ei gyfarch ar y pryd. Pan oedd Ray'n dweud ei fod yn falch o'ch gweld, roeddech chi'n gorfod ei gredu. Ac yna: 'Bachan, ti'n dishgwl yn dda!'

Bu gen i barch ac edmygedd tuag at lawer o chwaraewyr rygbi Cymru er pan oeddwn yn ddim o beth wrth y set radio wichlyd honno ym Mrynaman, a phan sylweddolais wrth gynnal noson yng Nghaerdydd cyn un gêm ryngwladol yn y 70au fod Ray Gravell yn y gynulleidfa, roeddwn fel hogyn bach yng nghwmni seren go iawn. Fe wyddwn ei fod yn canu rhai o

'nghaneuon, ac felly gofynnais iddo ymuno â mi ar y llwyfan. Ac fe wnaeth! A chanu 'Weli Di Gymru?' heb faglu unwaith. Roeddwn ar ben fy nigon, a'r gynulleidfa wrth ei bodd.

Pan ddaeth hi'n amser dathlu chwarter canrif o ganu ym Mhafiliwn Corwen yn 1988, y cyflwynydd amlwg oedd Ray, ac anghofia i byth ei glywed yn adrodd talp o 'Myn Duw Mi a Wn y Daw' wrth fy nghyflwyno gydag afiaith y cenedlaetholwr digymrodedd o fro Gwenllian. A phan ddaeth yr awr drist y bu'n rhaid ffarwelio â'r Cymro rhyfeddol hwn ar Barc y Strade yn Nhachwedd 2007, cefais neges mai ei ddymuniad oedd imi ganu'r gân honno yn ei angladd. Mae'n debyg iddo ddweud hynny wrth ei ferch Manon ychydig cyn ei farwolaeth, fel pe bai'n gwybod beth oedd ar fin digwydd.

Drannoeth ei farw sydyn ym Málaga, roeddwn yn Llundain yn ymateb i'r newydd bod hawlfreintiau caneuon ar Radio Cymru yn mynd i gael eu torri i'r byw gan y PRS. Rhyw hanner effro oeddwn i yn y trafod hwnnw, gan fod fy mhen yn llawn atgofion am fy ffrind na welwn ei debyg eto, a cheisiais fynegi rhywfaint o'r teimladau mewn englynion wrth deithio ar y trên o Gymru. Cynganeddwr symol ydw i ar y gorau, ond y diwrnod hwnnw, dan bwysau'r sioc o golli ffrind mor gywir, roedd y llinellau'n dod yn haws nag arfer, a'r ddynes gogyfer â mi'n methu dirnad, mae'n siŵr, pam roedd y dagrau'n disgyn ar fy mhapur ysgrifennu. Dyma rai o'r englynion hynny:

Heno aeth Ray o'r Mynydd – i'w hedd hir
    A'i ddawn mor aflonydd,
    Arwr oedd, a'i Gymru Rydd
    Yn llenwi ein llawenydd.

Ray ddihafal, a'i galon – yn un fawr,
    Yn un fwy na digon,
    Hwn gyneuodd ganeuon
    A rhoi ei dinc ar y dôn.

Canolwr cydnerth gwrol – a fylchodd
    Yn falch a thrydanol,
    Cynnau tân yn y canol
    A wnâi ef, – ni ddaw yn ôl.

Canaf i Raymond Grafel – y corwynt
    Cywiraf ei anel,
    Diolch a wnaf yn dawel
    I wir ffrind wrth roi ffarwél.

Rai blynyddoedd wedi ei farw, datgelodd ei briod Mari gyfrinach wrthyf nad oedd Graf am imi ei gwybod tra oedd yn fyw. Pan gefais fy ngharcharu fel rhan o'r ymgyrch dros y sianel deledu Gymraeg ddiwedd Gorffennaf 1980, talodd rhywun fy nirwy yn anhysbys, a chefais fy rhyddhau ar ôl diwrnod. Mae'n debyg na allai Graf fyw yn ei groen yn meddwl am y wraig a'r plant gartref a minnau mewn cell yn Lerpwl, ac fe fynnodd dalu'r ddirwy heb ddweud wrth neb. Un fel'na oedd Ray.

Ifan Gwyn

ROEDD IFAN YN gyd-fyfyriwr â mi yn Ysgol Bensaernïaeth Cymru yn ystod y 60au. Roedd ei dad, Elis Gwyn Jones, wedi gadael ei ôl ar sawl to o ddisgyblion Ysgol Glan y Môr, Pwllheli fel athro celf ysbrydoledig, a hawdd y gallech eu nabod wrth eu llawysgrifen gain, artistig. Roedd ysgrifen Ifan yn nodweddiadol o ddisgyblion ei dad, a'r arddull honno'n bwydo'i ddoniau arlunio. Ond fel cyfathrebwr llafar, doedd Ifan ddim yn disgleirio; bodlonai ar ebychiadau yn hytrach na sgwrs.

Un prin o eiriau efallai, ond parod iawn ei weithredoedd. Mae myfyrwyr, am wn i, yn enwog am eu blerwch a'u hagwedd ffwrdd-â-hi at bethau, ond nid felly mo Ifan Gwyn. Os oedd y Gym-Gym (sef Cymdeithas Gymraeg Prifysgol Caerdydd) yn trefnu rhywbeth, boed ddrama neu farbeciw, gallech ddibynnu ar Ifan i edrych ar ôl yr ochr ymarferol i bethau. Roedd ei hoffter o'r theatr wedi ei feithrin yn Theatr y Gegin yng Nghricieth, dan arweiniad ei dad a'i ewyrth, Wil Sam. Pan oeddem yn llwyfannu drama Gymraeg yng Ngholeg Caerdydd, Ifan fyddai'n gyfrifol am wneud y set, ei pheintio, ei gosod a'i thynnu i lawr a'i chludo. A phan âi'r Gym-Gym i draeth Larnog (neu debyg) i gynnal barbeciw – neu'r hyn oedd yn cyfateb i farbeciw yr adeg honno, sef eistedd a chanu o gwmpas coelcerth ar lan y môr ar noson ddigon rhynllyd – fyddai yna ddim coelcerth o gwbwl oni bai i Ifan feddwl dod â bwyell gydag ef. A thra oedd y gweddill ohonom yn stwna o gwmpas yn bod yn fyfyrwyr, roedd Ifan yn torri coed a'u llusgo i'r traeth.

A dyna fu hanes Ifan yn ystod ymgyrchoedd Cymdeithas yr Iaith am flynyddoedd wedyn. Os oedd angen rhywun i wneud rhywbeth ymarferol, roedd Ifan wrth law. Wedi

rhai blynyddoedd o'r Gymdeithas yn ymddangos ar faes yr Eisteddfod Genedlaethol mewn pabell ddigon tila yr olwg, Ifan Gwyn aeth ati i lunio stondin drawiadol, gadarn, yn arwydd bod y Gymdeithas yma i aros. Ac Ifan oedd yn gyfrifol fel rheol am ei gosod a'i datgymalu, a threfnu'r gwaith sylweddol o'i chludo a'i chadw tan y sioe nesaf. Ei waith fel codwr stondinau a roddodd iddo'r syniad o ddefnyddio morthwyl fel tocyn maes am flynyddoedd wedyn – dim ond dangos hwnnw i'r stiwardiaid, ac yr oedd y giatiau'n agor led y pen i'r labrwr diwyd.

Pensaer ydoedd wrth ei broffes, er y daliai ei ewyrth Wil y byddai wedi bod yn hapusach fel saer coed – crefft oedd yn ail natur iddo ers ei lencyndod. Mae nifer o adeiladau, yn enwedig yn nhref Caernarfon, megis y gyfnewidfa deleffon, adeiladau'r Cyngor ar Allt Pafiliwn a fflatiau Tre'r Gof, sy'n dyst i'w lafur fel pensaer, a bu hefyd yn gyfrifol am sawl logo – yr amlycaf oedd logo Cymdeithas Tai Eryri cyn iddi uno gyda Tai Clwyd a throi'n Grŵp Cynefin. Ond ni fu'n hapus fel pensaer, a bu farw'n llawer rhy ifanc am iddo fethu dygymod â'r byd fel y mae. A'r Ifan a gofiaf am byth yw'r myfyriwr prin ei eiriau oedd yn gyrru hen siandri, a'i ddwylo'n oeliach i gyd, a'i gariadon yn eu tro yn gorfod eistedd ar hen focs tŵls lle bu sêt ffrynt, a gwên ar eu hwynebau. A ninnau'n genfigennus.

Bert Parry

WYDDWN I DDIM tan ddydd ei angladd mai Idwal oedd ei enw cyntaf, gan mai Bert oedd o i bawb. Bert yr amldalentog, Bert y crefftwr, Bert y gitarydd clasurol, y cynganeddwr a'r pysgotwr, a'r tynnwr coes. Ie, y tynnwr coes, oherwydd roedd digon o hwyl a chwerthin pan oedd Bert o gwmpas. Yn enwedig os oeddech chi'n ifanc – roedd Bert yn ei elfen gyda'i berthnasau ifanc, a'i wyrion yn meddwl y byd ohono. Doedd hi ddim yn ddigon i Bert wneud ei ddyletswydd fel Siôn Corn noswyl Nadolig; yn ystod y dyddiau cyn yr ŵyl, fyddai hi'n ddim i blant ac wyrion Bert weld cip o'r gwron barfog cotgoch yn sleifio heibio ym mhen draw'r ardd – jest rhag ofn iddyn nhw roi'r gorau i gredu'n rhy fuan.

Doedd hi'n ryfedd yn y byd i Bert gael ei ddenu i'r llwyfan, dod yn un o golofnau cwmni drama Llanbêr, ac yn bennaf cyfrifol am droi'r hen gapel yn theatr fach. Bu'n arweinydd yr Urdd am gyfnod, ac yn gefn mawr i'w weinidog fel blaenor yn y Capel Coch wedi iddo ailgydio yn ei Gristnogaeth. Yn ôl pawb a'i adnabu, ac a fu'n cydweithio ag o, y farn unfryd yw ei fod yn ymroi i bopeth â'i holl enaid, yn llawn egni a brwdfrydedd. Ac os bu gyrrwr delfrydol ar gyfer fan y llyfrgell deithiol erioed, Bert Parry oedd hwnnw. Roedd ei ddarllenwyr yn edrych ymlaen at weld Bert lawn cymaint ag oedden nhw at weld y llyfrau.

Ac yn sicr, doedd dim pall ar ei ymroddiad i'r Blaid. O ddyddiau cynnar y 60au, Bert oedd cadfridog tîm Llanberis, yn ysbrydoli pawb i fwrw iddi i sicrhau'r sedd i Dafydd Wigley. Hyn, wrth gwrs, yng nghadarnle Llafur, lle nad oedd hi'n hawdd bod yn Bleidiwr. Yn wir, yr unig beth a'i daliai rhag cymryd rhan fwy blaenllaw ei hun fel canfasiwr oedd bod nerth ei deimladau dros Gymru a'r Blaid, a'r ffaith na fedrai

oddef unrhyw haerllugrwydd gwrth-Gymreig, yn golygu y gallai ffrwydro ar unrhyw adeg. Felly bodlonai ar drefnu ac ysbrydoli, a llosgi'n dawel dros yr achos – wrth lunio ffon neu bluen sgota, wrth dynnu tannau'r gitâr neu'r delyn, wrth lunio pennill, neu wrth fod yn ŵr i Anne, yn dad i Gwawr a Delyth, ac yn daid llawn direidi a straeon a chwerthin.

Wrth edrych yn ôl dros y blynyddoedd difyr a fu, byddaf yn colli cymeriadau fel Bert yn fwy na neb, oherwydd y rhain yw halen y ddaear Cymru i mi – cymeriadau talentog, gwreiddiol, gwahanol, byrlymus, â Chymru lond eu calonnau. Roedd Bert yn feistr ar lunio ffyn ac iddynt garnau urddasol, cain, ac y mae gen i un ohonyn nhw i'w thrysori tra byddaf. A phan af am dro hyd lwybrau'r fro hardd rhwng môr a mynyddoedd Eryri, bydd ffon Bert yn gwmni, ac yn gynhaliaeth.

Wil Sam

RYWBRYD AR DDECHRAU'R 70au, tyrrodd nifer sylweddol ohonom i ystafell ddarlithio yn adeiladau'r Brifysgol yng Nghaerdydd i glywed Saunders Lewis yn siarad. Doedd achlysur felly ddim yn digwydd yn aml, a doedd hi'n ddim syndod i neb bod yr ystafell yn llawn i glywed y dyn mawr yn traethu.

Yn annisgwyl braidd, dewisodd drafod un rhifyn o'r cylchgrawn *Taliesin* oedd wedi ymddangos yn ddiweddar. Canolbwyntiodd ei sylw ar ddwy stori, y naill gan Eigra Lewis Roberts a'r llall gan Wil Sam. Roedd yn edmygu'r ddau waith, ond yr hyn a gofiaf fwyaf yw i SL gynnig y cyngor hwn i'r rhai ifanc yn y gynulleidfa: 'Os oes rhywrai ohonoch â diddordeb mewn ysgrifennu, gwnewch yr hyn mae Eigra Lewis Roberts wedi gwneud, ac ewch i fyw i rywle tebyg i Ddolwyddelan a rhowch gynnig ar ysgrifennu'n amser llawn. Ac os cewch chi gyfle, ewch i dreulio awr neu ddwy yng nghwmni William Samuel Jones yn Llanystumdwy.'

Roeddwn ar dorri 'mol eisiau dweud wrtho bod nifer o 'nghenhedlaeth eisoes wedi treulio aml i seiat ar aelwyd Wil Sam, gŵr oedd yn dechrau dod yn dipyn o ffefryn, os nad yn arwr i ni. Efallai mai Ifas y Tryc oedd wedi deffro'n diddordeb, ond hefyd y ffaith bod Wil Sam yn ddyn garej, yn ddyn moto-beics oedd wedi rhoi'r gorau i'w garej i ysgrifennu dramâu. Ac wrth greu cymeriad Ifas y Tryc, roedd wedi sefydlu math newydd o ysgrifennu yn Gymraeg, math gwahanol a chyffrous, lle'r oedd geiriau Saesneg a geiriau gwneud yn cael eu cyfuno a'u hail-greu o'r newydd mewn llifeiriant ffraeth o Gymraeg rywiog-werinol. Nid cyd-ddigwyddiad mohono bod Alun Ffred a John Pierce Jones ymhlith y criw oedd yn hoffi treulio

Llun: Llyfrgell Genedlaethol Cymru

nosweithiau ar aelwyd Wil Sam a Dora yn Nhyddyn Gwyn, a'u bod nhwythau a Mei Jones wedi elwa ar athrylith Wil wrth greu cymeriadau a sgriptiau *C'mon Midffîld* flynyddoedd yn ddiweddarach. A sawl un arall, wrth gwrs.

Cryfder Wil Sam, ar wahân i'w greadigrwydd greddfol, oedd ei afael gref ar dafodiaith rywiog Eifionydd, a hynny nid yn unig wrth greu sgriptiau ysgafn, ond wrth lunio dramâu sy'n dipyn dyfnach eu crebwyll. I ni'r ifanc cenedlatholgar oedd â diddordeb yn y Pethe, Wil Sam oedd Samuel Beckett Cymru. Roedd yn genedlatholwr naturiol o argyhoeddiad, ac yn llwyr gefnogol i ymgyrchoedd cynnar y Gymdeithas, ac yn ddigon ifanc ei ysbryd i fod yn gartrefol yng nghwmni ciwed fel ni. Os oeddem rywle yng nghyffiniau Rhos-lan, byddem yn siŵr o lanio yn Nhyddyn Gwyn cyn hanner nos, ac yno bu sawl seiat i'w chofio.

Flynyddoedd yn ddiweddarach, gan fod Dora'n gofalu am 'lyfr bach' Capel Llanystumdwy, byddwn yn cynnal oedfa i'r dyrnaid yn y gynulleidfa, ac yna'n mynd yn ôl i Dyddyn Gwyn i dreulio awr neu ddwy yng nghwmni Wil a Dora. Roedd sgwrsio gyda Wil bob amser yn ddifyr, a chanddo yntau ddiddordeb byw ym mhopeth oedd yn ymwneud â Chymru, y Gymraeg a materion y dydd. Caem hwyl yn trafod gwleidyddion, a byddai sylwadau Wil yn ddeifiol weithiau, er na chlywais erioed mohono'n greulon ei dafod am neb, hyd yn oed y gelynion mwyaf. Dyn y bluen a'r sbanar oedd Wil, nid dyn y chwip a'r ordd.

Fe gadwodd yn ifanc ei ysbryd hyd y diwedd, hyd nes i'r aflwydd mawr ei drechu. Ac os oes un peth yn fy mlino wrth feddwl amdano, hynny yw iddo fynd i'w fedd yn methu deall pam yr oeddwn yn gefnogol i'r cynlluniau i ad-drefnu ysgolion cynradd Gwynedd yn 2008, yn arbennig am eu bod yn golygu cau Ysgol Llanystumdwy, oedd mor agos at ei gartref a'i galon, ac adeiladu ysgol newydd rhwng y Llan a Chricieth. Fe rown i unrhyw beth am gael seiat arall gydag ef i wyntyllu'r mater, ond nid ar aelwyd Tyddyn Gwyn y bydd y seiat honno bellach.

Gwynfor

FEL POB ARWEINYDD llwyddiannus, roedd gan Gwynfor ei elynion, ond roedd ganddo fwy o ddilynwyr ffyddlon. Mae'n debyg mai am fod ganddo gynifer o gefnogwyr selog, na fynnai glywed gair o feirniadaeth ohono, yr oedd hefyd yn ennyn gelyniaeth y lleiafrif, a hynny'n bennaf ar gorn ei heddychiaeth a'i ddull tawel, digyffro, di-drais o arwain yr ymgyrch fawr dros ryddid Cymru.

Erbyn dechrau'r 60au, roedd rhai'n credu bod angen rhywbeth mwy nag egwyddorion heddychlon Gwynfor Evans ar genedlaetholdeb Cymru. A phan ddaeth hi'n amlwg nad oedd modd atal boddi Cwm Tryweryn, cynyddodd yr alwad am weithredu uniongyrchol fwyfwy. Pan es i Goleg Aberystwyth, roedd y teimladau hyn yn corddi'n amlwg ymhlith cenedlaetholwyr ifanc fel Geraint 'Twm' Jones a Neil ap Siencyn, ac yn 1962 sianelwyd llawer o'r anniddigrwydd hwnnw i sefydlu Cymdeithas yr Iaith. Ymhen ychydig flynyddoedd, roedd llawer o'r rhai a wrthwynebai Gwynfor wedi gadael y Gymdeithas hithau, am iddi goleddu'r egwyddor ddi-drais wrth ymgyrchu. Ac ar y cyrion i raddau y maen nhw byth, yn cefnogi unrhyw dân siafins o wrthryfel sy'n codi o dro i dro yn y Gymru fach gecrus yma sydd ohoni.

Ond safai Gwynfor fel craig dros ei egwyddorion, gan lynu at ei gred ddiysgog bod rhaid adeiladu plaid unol, gref, effeithiol i gael y maen i'r wal. A fe oedd yn iawn. Ffordd lai cyffrous i'w cherdded, mae'n wir, gyda mwy o olau nag o wres o'r fflamau, ond yn achos cenedl sydd mor barod i ymrannu ac ymrwygo fel Cymru, ffordd Gwynfor a fyddai'n llwyddo yn y pen draw, ac y mae hanes wedi profi hynny.

Roeddwn i wedi fy magu ar aelwyd oedd yn mawrygu

Llun: Llyfrgell Genedlaethol Cymru

Gwynfor, a fi fyddai'r cyntaf i gyfaddef bod fy edmygedd i
ohono efallai'n rhy anfeirniadol o bryd i'w gilydd, ond yn
ddistaw bach roeddwn innau hefyd yn fy nghalon yn ysu am
glywed Gwynfor yn tanio mwy wrth arwain ac wrth areithio.
Wedi dweud hynny, roedd cysondeb diemosiwn ei neges, a
honno wedi ei gwreiddio bob amser mewn hanes ac mewn

egwyddorion fel brawdgarwch Cristnogol a heddychiaeth, yn cyfleu mwy yn y diwedd nag areithiau ysgubol pobol fel J R Jones a Harri Webb, er eu gwyched.

Pan oeddwn yn arwain y Gymdeithas yn nyddiau tanllyd diwedd y 60au a dechrau'r 70au, roedd tyndra mawr rhwng y Blaid a ninnau, ac fe gefais i sawl neges ac ambell lythyr gan rai o gefnogwyr selocaf y Blaid yn ein hannog i dawelu pethau rhag niweidio ei hymgyrchoedd etholiadol. Ond ches i erioed neges o'r fath gan Gwynfor ei hun. Roedd yn gwybod, wrth gwrs, fod y Gymdeithas a'i hymgyrchoedd tor cyfraith yn fêl ar fysedd gelynion y Blaid, ond rywsut roeddwn i bob amser yn synhwyro bod Gwynfor yn credu mai Cymru a'r iaith fyddai ar eu hennill yn y pen draw. Mater o fod yn gall oedd hi, ac er mor anodd oedd cadw cow ar yr ymgyrchwyr, credaf inni lwyddo, tra oedd yr awenau yn fy nwylo i, rhag mynd dros ben llestri, a chadw cydbwysedd gweddol rhwng yr angen am ymgyrchu uniongyrchol a'r ymgyrchu etholiadol. Yn sicr ddigon, doeddwn i erioed yn perthyn i'r garfan o fewn y Gymdeithas a gredai fod y Blaid wedi gwerthu ei henaid i'r diafol, ac nad oedd wahaniaeth os oeddem yn effeithio ar ei phleidlais.

Wedi oes o edmygu arweinyddiaeth unplyg a di-ildio Gwynfor, anghofia i byth y pnawn hwnnw yr es i'w weld yn ei gartref ym Mhencarreg, ac yntau erbyn hynny ar wely ei gystudd olaf. Yn yr ystafell drws nesaf gorweddai Rhiannon, y wraig hardd a'i cefnogodd ac a'i cynhaliodd trwy bob brwydr ar hyd y daith hir, a hithau hefyd erbyn hynny mewn cyflwr iechyd go ddrwg. Roedd cymysgedd y teimladau a gâi rhywun yn rhyfeddol – dau gymeriad mawr a fu ynghanol yr ymgyrch i ennill rhyddid i genedl y Cymry yn gorwedd yn eu henaint ffaeledig. Roedd gofal y teulu ohonyn nhw'n arbennig, ond yr oedden nhw hefyd yn ddibynnol ar wasanaeth y gofalwyr iechyd a alwai heibio o dro i dro. 'Excuse me,' meddai un o'r gofalwyr wrth wthio heibio imi at y gwely. 'Let's be having you, love,' meddai eto wrth godi Gwynfor yn uwch ar ei obennydd. 'He's a darling, aren't you, love?'

Gwenai Gwynfor yn ei wendid. Doedd dim angen i'r ofalwraig ei drin fel plentyn, gan fod ei feddwl mor effro ag erioed, a'i farn am Gymru a'r byd mor gadarn ag erioed. Roedd wedi cael byw i weld sefydlu sylfaen Senedd i Gymru, breuddwyd fawr ei fywyd. Ac wrth iddo wenu ar ei ofalwraig glên, fe dybiaf ei fod yn wironeddol falch o hynny.

Gerallt

YSGOL 'RAMADEG' I fechgyn yn unig oedd Ysgol Tŷ Tan Domen y Bala, a fu'n ddiweddarach yn gartref i swyddfa'r *Faner* a Neuadd a Bwyty'r Cyfnod, ac a fu yn ei hoes yn fangre addysg i O M Edwards, R T Jenkins, E Meirion Roberts a Tecwyn Lloyd. A bellach rhaid ychwanegu enw Gerallt Lloyd Owen yntau.

Yno, o fewn muriau llwyd hynafol yr hen ysgol honno, y deuthum i nabod y Gerallt ifanc gyntaf. Roedd yn yr un dosbarth ag Arthur fy mrawd, a thrwy Arthur y des i glywed am gampau'r llanc cringoch o'r Sarnau. Y pêl-droediwr, y tynnwr coes, yr arluniwr a'r cartwnydd, ac uwchlaw pob dim, y bardd. Ac yntau prin yn bedair ar ddeg oed, clywswn gan Arthur ei fod ar ddi-hun trwy'r nos weithiau yn gorffen rhyw gywydd neu gadwyn o englynion. Ac yna, wrth gwrs, daeth cadeiriau'r Urdd, a gwyddem ein bod yn rhannu ysgol gyda rhywun go arbennig.

Roedd yna wedd ar gymeriad Gerallt y mae tuedd i'w hanwybyddu, sef ei ochr weithredol ac ymarferol. O oedran ifanc iawn, fe welodd Gerallt fylchau ym mywyd Cymru, ac aeth ati i'w llenwi. Roedd ei benderfyniad i fynd yn athro i Ysgol Gymraeg annibynnol Bryntirion, a sefydlwyd gan Trefor Morgan ger Pen-y-bont ar Ogwr, greda i'n arwydd o hyn. Roedd Trefor Morgan yntau yn un a welodd y bylchau a mynd ati fel gŵr busnes i roi'r Gymraeg ar waith, ac mae'n siŵr fod hynny wedi denu Gerallt i fod yn rhan o'r arbrawf arloesol hwnnw.

Ond ei gyfraniad mawr yn gynnar yn ei oes oedd sefydlu'r comic Cymraeg cyntaf i blant yn eu harddegau. Ac fel yn hanes Ifor Owen o'i flaen, a fu'n cynnal y comic *Hwyl* am ddegawdau, Gerallt oedd prif arlunydd *Yr Hebog*, a'i stamp ef oedd ar y cyhoeddiad. Pe bai yna Gyngor Llyfrau ar y pryd, fe allen

Llun: Llyfrgell Genedlaethol Cymru

nhw fod wedi gwneud llawer yn waeth na rhoi talp mawr o'u cyllid i gynnal a sicrhau'r dosbarthiad ehangaf posib i'r union beth oedd ei angen i ddenu pobol ifanc Cymru at y Gymraeg. Gwnaeth Gerallt a'i griw bach o gyd-weithwyr waith gwych am gyfnod, ond aeth yr ymdrech yn drech na nhw yn y diwedd.

Roedd sefydlu gwasg ar y cyd ag Alwyn Elis yn gam naturiol wedi ei brofiad gyda'r *Hebog*, a bu Gwasg Gwynedd yn un o'n gweisg mwyaf bywiog am sawl degawd. Gadawodd Gerallt y gwaith o redeg y wasg i Alwyn, a symudodd yntau i ganolbwyntio ar ei waith fel Meuryn y Talwrn ar y radio, a'r fersiynau lleol a drefnwyd yn ei sgil. Er nad creadigaeth wreiddiol Gerallt ydoedd, credaf mai teg dweud i Gerallt roi ei stamp personol unwaith eto ar y Talwrn, a'i droi'n un o gampweithiau holl hanes darlledu Cymraeg ar y radio. Roedd yn adloniant, yn addysg, yn feithrinfa i feirdd, ac uwchlaw popeth yn gosod safonau iach i'r grefft o farddoni. Dysgodd Gerallt ni i fod o ddifri heb gymryd ein hunain ormod o ddifri, ac fe'n dysgodd i osgoi'r ystrydeb a'r haniaeth ac i anelu am y diriaethol a'r unigryw wrth farddoni.

Ond efallai mai'r weithred a ddangosodd Gerallt y bardd ar ei fwyaf ymarferol adeiladol oedd sefydlu Arianrhod, y cwmni sy'n prynu eiddo yng Ngwynedd a Môn i'w osod neu i'w ailwerthu i fusnesau lleol, er mwyn sicrhau mwy o berchnogaeth Gymreig ar adnoddau Cymru, ac i annog mwy o Gymry i fyd busnes. Ac er fod y chwalfa fawr a drawodd y farchnad eiddo ac arian ynghanol degawd cyntaf y ganrif hon wedi creu anawsterau dybryd, gall Arianrhod ymfalchïo yn y gwaith a gyflawnwyd dros y blynyddoedd, yn enwedig yn ardal Caernarfon. Na, nid un i fodloni ar ddweud ei ddweud mewn geiriau yn unig oedd Gerallt, ond un oedd yn gwybod bod yn rhaid troi geiriau'n weithredoedd.

Fe orffennaf yr atgofion pytiog hyn ar ddau nodyn mwy personol. I Gerallt mae'r diolch am un o brofiadau mawr fy mywyd, sef y profiad o adrodd ei gerdd 'Fy Ngwlad' ar lwyfan rhanedig ac ymfflamychol Eisteddfod yr Urdd yn Aberystwyth yn 1969. Dywedodd wrthyf yn ddiweddarach iddo fynd adref yn athrist wedi clywed y dorf yn ymateb i'r gerdd mewn modd mor swnllyd, ond llwyddais (dwi'n meddwl) i'w ddarbwyllo bod y mwyafrif llethol yn bloeddio mewn cymeradwyaeth, er mwyn boddi gwrthwynebiad y seddi blaen. Ni chafodd yr un gerdd erioed y fath ymateb – prawf o lwyddiant ysgubol bardd os bu un erioed.

Bydd yr ail nodyn personol yn peri syndod i rai efallai. Yn 2008, pan oeddwn ynghanol storm arall parthed ad-drefnu ysgolion cynradd Gwynedd, efallai y byddai rhywun yn disgwyl i'r bardd o ysgol fach y Sarnau wrthwynebu'r fath gynlluniau dieflig, ond fel arall yr oedd hi. Roedd Gerallt o'r farn bod rhaid crynhoi ein hadnoddau gwledig i greu ysgolion a fyddai'n ddigon cryf i oroesi, os am weld ffyniant i addysg wledig Gymraeg.

Diolchaf i Gerallt am gael ei nabod, ac am yr englyn sydd ar garreg fedd fy rhieni, a gyfansoddodd wedi marw Nhad ddiwedd Awst 1984:

Yn niwedd y cynhaeaf – chwi wŷr llên
    Ewch â'r llwyth yn araf,
  Heliwch i'r helm lwch yr haf,
  Hel i'r Cilie'r cae olaf.

Edith, Telynores Eryri

ROEDDWN WEDI CLYWED llawer o sôn am Delynores Eryri ymhell cyn imi ei gweld yn y cnawd. Cymaint felly nes fy mod wedi mynd i led-gredu mai chwedl oedd hi, neu o leiaf mai chwedloniaeth oedd y straeon amdani yn hytrach na ffaith. Ond wedi bod yn ei chwmni, bron na ddywedwn fod y gwir yn rhyfeddach na'r chwedl.

Dynes fach o gorffolaeth oedd Edith Evans, ac wedi crebachu rhyw gymaint yn ei henaint erbyn imi ei nabod. Ond doedd ei chymeriad na'i hegni na'i hasbri ddim wedi crebachu dim. Rhannu 'llwyfan' oeddem ni yn un o neuaddau pren drafftiog cyffiniau Eryri, ond ymhle'n union ni allaf gofio. Roeddwn i wedi cyrraedd o'i blaen, ac wedi tynnu'r gitâr o'i chwdyn i'w thiwnio orau y medrwn mewn cwpwrdd o ystafell wrth ochr y llwyfan, pan agorodd y drws. Daeth ces anferth i'r golwg – portmanto o beth – a gwreigan eiddil yr olwg yn sownd wrtho; os oedd y lle'n gyfyng cynt, roedd yn llai fyth erbyn hyn.

Gosododd Edith ei ches ar lawr cyn troi ataf i gyflwyno'i hun, yn ddigon diseremoni, a chwyno am y diffyg lle. 'Ond hitiwch befo, mi ddown i ben,' meddai, gan swnio fel un oedd wedi gwneud y gorau o'r gwaethaf ar hyd ei hoes, a dechrau agor y ces a thynnu'r cawdel rhyfeddaf o'i grombil. Rhyw ddau neu dri eitem oedd gan Edith erbyn hynny, a phob un yn gofyn am gostiwm gwahanol. Ac nid gwisg yn unig, ond barf a wig a phob math o brops. Mewn un gân, roedd hi'n drampyn, ac mewn un arall yn bostmon, a phob cân yn para am hydoedd, gyda'r gynulleidfa'n foddfa o chwerthin o'r dechrau i'r diwedd. Roedd pawb wedi ei chlywed droeon o'r blaen, ac yn gyfarwydd iawn â'r ergydion, ond doedd hynny ond yn ychwanegu at yr hwyl. Yn enwedig wrth i Edith, â'i llais cryf yn diasbedain,

Nansi Richards (ail o'r chwith) ac Edith (ar y dde) y tu ôl i'r llwyfan ym Mhafiliwn Corwen yn ystod noson deyrnged Nansi, 1976.
Llun: Tegwyn Roberts

gyrraedd yr uchafbwynt a thanio'i chetyn nes bod y gwreichion yn tasgu i bobman (roedd ganddi gyfrinach, mae'n debyg, o osod rhywbeth yn y baco i sicrhau gwreichion go iawn). Doedd bwgan 'iechyd a diogelwch' ddim yn bod yr adeg honno.

Ni chofiaf fanylion y caneuon, ond gallaf glywed ei llais yn taro'r nodau uchaf yn awr, yn enwedig felly wrth iddi gyrraedd uchafbwynt pob pennill yng nghân y postmon, ac yntau'n agor y llythyron fesul un i gael gwybod hanes pawb yn y pentref, ac wrth iddi sôn am bobol yn derbyn newydd rhyfeddach na'i gilydd, llinell glo pob pennill oedd 'A fuodd o BYYYTH yr un fath!'

Os gwelais i rywun yn mwynhau perfformio erioed, Edith Evans oedd honno. Ac roedd hi, er gwaethaf ei hoedran mawr, yn gwbwl annibynnol ei natur. Roedd ei chartref ym Meddgelert, mewn bwthyn bach hyfryd ar ben yr allt fwyaf serth a welais yn arwain i unrhyw dŷ erioed. Fe aeth â fi yno unwaith, a hithau'n gyrru ei char wrth reswm pawb, ac roedd y *clutch* a phopeth arall am wn i yn gwichian wrth inni ddringo'r allt ryfeddol honno. Ond roedd Edith yn para i sgwrsio trwy'r twrw i gyd, heb fennu dim, a minnau'n chwysu wrth ei hymyl yn ofni am fy mywyd.

A phob hyn a hyn, byddai'n sôn am ei ffrind Nansi, Telynores Maldwyn. A'r hyn a gofiaf yn fwy na dim am hynny oedd ei rhybudd i 'beidio dweud gair am hyn wrth Nansi – ar boen 'ych bywyd!' Roedd y ddwy'n gyfeillion mynwesol – ac yn elynion pennaf – ar hyd y blynyddoedd; dau gymeriad unigryw, dwy athrylith, dwy delynores a dau dalp o ddiwylliant Cymru.

Merêd

RWY'N YSGRIFENNU HWN y diwrnod ar ôl angladd Merêd. Mae ambell angladd yn teimlo'n dda; peth rhyfedd i'w ddweud, ond roedd hynny'n wir am angladd Merêd. Yn heulwen diwedd Chwefror oer yng Nghwmystwyth, roedd y dyrfa fawr yn gwybod ei bod yn dathlu bywyd athrylith o Gymro oedd wedi llenwi ei 95 mlynedd â llawenydd a llafur, ac wedi ysbrydoli'r miloedd. Cafwyd teyrnged arbennig iawn gan Arwel Rocet, annwyl ond ansentimental, teilwng heb organmol, a llwyddodd i gyfleu amrywiaeth cyfoethog a chymhleth bywyd a chenhadaeth Merêd mewn modd cofiadwy iawn. Nid rhyfedd i'r gynulleidfa fawr gymeradwyo'n ddigymell a brwdfrydig.

Roedd cryn arwyddocâd i nifer o bethau a ddigwyddodd yn ystod dyddiau olaf Merêd. Fe fydd un ffaith yn hysbys erbyn i hyn o eiriau weld golau dydd, sef iddo glywed bod prif raglen werin y BBC, *The Folk Show*, wedi penderfynu cyflwyno iddo un o brif wobrau'r 'Radio 2 Folk Awards', ac yntau wedi cydsynio i'w derbyn. Nid yw *The Folk Show* yn enwog am ei chynnwys Cymreig (heb sôn am Gymraeg), ond am fod ei noson wobrwyo'n cael ei chynnal yng Nghaerdydd yn 2015, bu pwysau (dybiwn i) ar y cynhyrchwyr i Gymreigio cryn dipyn ar eu gweithgareddau. Ysywaeth, nid oedd Merêd yno i dderbyn y wobr, ond roedd yn deyrnged haeddiannol os bu un erioed.

Yr ail beth oedd fod Merêd newydd arwyddo'r siec gyntaf i enillydd cyntaf Ysgoloriaeth William Salesbury yn y Coleg Cymraeg Cenedlaethol, a chytunwyd rhyngom fel ymddiriedolwyr mai priodol fyddai gwneud siec arall yn ei lle fel bod siec Merêd yn cael ei fframio i'w chyflwyno i enillydd yr ysgoloriaeth i gofio amdano, gan fod y Coleg a'r Gronfa'n golygu cymaint iddo. Yng nghyfarfodydd y Gronfa yr oeddwn

i'n cyfarfod ag ef yn ystod y blynyddoedd diwethaf hyn, ac yr oedd ei frwdfrydedd a'i afiaith yn sbardun i'r gweddill ohonom hyd y diwedd. Fe wyddwn i'n dda iawn sut yr oedd Merêd wedi gofalu bod Plaid Cymru yn cadw'r Coleg Cymraeg ar flaen ei hagenda, a phan ddaeth y cyfle yn ystod Llywodraeth Cymru'n Un, roedd sefydlu'r Coleg yn un o'r blaenoriaethau. Roedd Merêd wrth ei fodd bod cyfle bellach i ieuenctid Cymru astudio trwy gyfrwng y Gymraeg, o oed meithrin i'r brifysgol, a chyllid yn ei le i ddatblygu'r cyrsiau'n barhaus. Ef oedd yn bennaf cyfrifol am sefydlu Cronfa William Salesbury i fod yn gefn i'r Coleg, ac yn gyfrwng i bobol Cymru ei gefnogi'n ymarferol. Yn fy meddwl i, bydd y Coleg Cymraeg Cenedlaethol gystal cofadail â dim i'r canwr, yr addysgwr, yr athronydd a'r ymgyrchydd tanbaid o Danygrisiau.

Yng nghyfarfod olaf Ymddiriedolwyr Cronfa Salesbury a fynychwyd ganddo, bythefnos cyn ei farw, cyflwynwyd y syniad

81

o gynnal cyngerdd gwerin blynyddol i godi arian at y Gronfa, a'i alw'n 'Cyngerdd Merêd'. Roedd y gŵr ei hun yn gefnogol iawn i'r syniad, ond nad oeddem ar unrhyw gyfri i roi ei enw ef ar y digwyddiad! Gwnaethom gynnig ar ei berswadio bod ei enw mor bwysig ym meddyliau cenedlaethau o Gymry mai ffôl fyddai colli'r cyfle, ond doedd dim troi arno: 'Does dim angen gwahaniaethu rhyngom fel ymddiriedolwyr o gwbwl,' meddai'n bendant.

Aeth peth amser heibio ers imi ysgrifennu'r uchod, a gallaf nodi erbyn hyn y bydd y 'Cyngerdd Merêd' cyntaf yn cael ei gynnal ym Mhafiliwn Pontrhydfendigaid ar Sadwrn cyntaf mis Mawrth 2016, gydag artistiaid gwerin gorau Cymru. A'r bwriad yw cynnal Gŵyl Merêd yn flynyddol wedi hynny, i ddathlu ein cerddoriaeth werin draddodiadol a chyfoes, ac i ddathlu'r cof am un o gymwynaswyr mawr ein cenedl.

Harri PJ

MAE FY NGHOF cyntaf am Harri Pritchard Jones yn un anarferol – ac eto'n nodweddiadol ohono. Roedd o newydd ddychwelyd o Iwerddon i weithio fel meddyg ifanc yn ysbyty'r Caernarvon and Anglesey ym Mangor ynghanol y 60au. Roedd Eisteddfod Ryng-golegol y myfyrwyr ym Mangor y flwyddyn honno, a'r diweddar athrylith lliwgar Peter Davies (Goginan) wedi ennill y Gadair. Cofiaf i griw ohonom glywed bod parti yn ystafell un o ddoctoriaid y 'C&A', ac aethom ar grwydr i gyrchu'r ysbyty, a Peter yn stryffaglio i gario'r gadair freichiau, orau ag y gallai, ar hyd strydoedd y ddinas. (Roedd hi'n ffasiwn ar y pryd mewn rhai eisteddfodau llai i roi cadeiriau esmwyth 'defnyddiol' i feirdd yn hytrach na chadeiriau traddodiadol anymarferol.)

Ymhen hir a hwyr, cafwyd hyd i'r ysbyty, ond doedd taro ar ystafell y meddyg ddim mor hawdd, ac ofnaf inni darfu ar heddwch sawl un wrth chwilio amdani. Cyraeddasom o'r diwedd, a gweld y dywededig feddyg fel brenin yn ei wely, a chriw amryliw o nyrsys a myfyrwyr ac eraill yn eistedd ar y gwely hwnnw, ac ar y llawr, neu'n pwyso'n erbyn ei gilydd o'i gwmpas, fel gwerin mewn gwledd ganoloesol. Roedd gwên lydan ar wyneb y meddyg ifanc, fel pe bai'n mwynhau'r achlysur yn fawr, er iddo'n rhybuddio bob hyn a hyn rhag gwneud gormod o sŵn. Cafodd y bardd – a'r gadair – groeso tywysogaidd, ac ar lawr y meddyg y cysgodd o a sawl un arall ohonom y noson honno.

Y tro olaf imi ei weld oedd yn angladd Mair, merch Saunders, yn Eglwys Gatholig Penarth. Harri ar sawl cyfri oedd wyneb cyhoeddus yr Eglwys Gatholig i ni yn y Gymru Gymraeg, ac yr oedd yn un da i siarad ar ei rhan, hyd yn oed pan oedd yna gyhuddiadau pur ddifrifol yn ei herbyn. Cyfrinach fawr

Harri oedd na fyddai byth yn ceisio amddiffyn yr hyn na fedrir ei amddiffyn, ac nad oedd byth yn swnio'n unllygeidiog wrth sôn am ei fam eglwys. Ym mhob sgwrs o'i eiddo, roedd rhyw warineb a chariad at y ddynoliaeth yn eu hamlygu eu hunain uwchlaw popeth arall. Ond doedd dim amau ei ymlyniad llwyr tuag at yr Eglwys Gatholig chwaith. Fe fydd hi'n anodd cael cystal lladmerydd dros yr achos i gymryd ei le.

Quintin Hogg

'NÔL YN NYDDIAU cyffrous y 70au, pan oedd arogl chwyldro yn yr awyr, a thorfeydd yn ymddangos bron yn ddigymell ar unrhyw achlysur ieithyddol-wleidyddol, cyhoeddodd Quintin Hogg, Arglwydd Hailsham, ei fod am ddod i Gymru i gadw cow ar yr ynadon oedd yn bygwth strancio yn erbyn y tresi ac ochri gyda'r drwgweithredwyr. Roedd rhai ynadon wedi cyfrannu tuag at dalu fy nirwy er mwyn fy rhyddhau o garchar Caerdydd, ac eraill wedi rhoi cosb bitw, neu mewn rhai achosion wedi rhyddhau'r cyhuddiedig yn ddi-gosb, er mwyn dangos eu cefnogaeth i'r ymgyrch i ennill statws swyddogol i'r Gymraeg. Onid oedd cadarn goncrit Philistia mewn peryg? Onid oedd y craciau'n dechrau ymddangos, ac ambell bry yn y pren? Dyletswydd ynadon, wedi'r cyfan, oedd cynnal y drefn, a chynnal y gyfraith, a gwneud hynny'n ddiduedd a chwbwl wrthrychol, heb ddangos ffafr nac ofn! Daeth Quintin Hogg, oedd â chyfrifoldeb dros holl ynadon y Deyrnas, i gracio'r chwip ac i ddangos pwy oedd y bòs yng Nghymru.

Er mawr syndod inni, cytunodd yn ystod ei ymweliad â Bangor i gyfarfod â Gronw ab Islwyn a minnau, fel Cadeirydd ac Is-gadeirydd Cymdeithas yr Iaith Gymraeg, i drafod y sefyllfa mewn modd syber a gwâr. Gwthiodd Gronw a minnau ein ffordd trwy'r dorf fawr eiddgar a swnllyd oedd wedi ymgasglu y tu allan i adeiladau'r Brifysgol ym Mangor Uchaf. Roedd yr heddlu'n gwneud eu gorau i ddal y barbariaid rhag ymosod ar y castell, ac aethom i mewn i gyfarfod â'r gŵr mawr, heb syniad yn y byd beth i'w ddisgwyl.

Buom ein dau yn eistedd mewn distawrwydd am gryn amser yn yr ystafell enfawr, oeraidd, gydag ambell warchodwr yn sefyll fel sowldiwrs i wneud yn siŵr nad oeddem yn

Llun: Press Association

cambihafio. Roedd hi fel y bedd yno, ond y tu allan cynyddai
sŵn y dorf yn fygythiol ddigon. Buom yno cyhyd nes inni
ddechrau amau mai twyll oedd y cyfan, ond fel roeddem ar fin
awgrymu ein bod am ymadael, agorodd y drws a daeth Quintin
i mewn, a'n cyfarch. Yr argraff gyntaf a roddai oedd ei fod yn
gweddu i'r dim i'w enw – hynny yw, ychydig yn wahanol a digri
braidd, a'i wallt ym mhob man. Cawsom sgwrs ddigon trwsgl
a digyfeiriad am sbel, gyda'r gŵr mawr yn pwysleisio'r angen
am gyfraith a threfn er mwyn cynnal gwareiddiad a diwylliant
y Deyrnas, a ninnau'n gwneud ein gorau i bwysleisio'r angen i
gydnabod y Gymraeg fel iaith gyflawn yn ei hawl ei hun. Doedd
dim disgwyl i'r sgwrs fynd i nunlle a dweud y gwir, ond taflai'r
Arglwydd awgrym neu ddau o gonsesiwn nawddoglyd i'r iaith
bob hyn a hyn.

Fedra i ddim cofio bellach sut y cododd Gogledd Iwerddon yn y sgwrs, ond mi awgrymais i mor ofalus ag y medrwn o dan yr amgylchiadau fod gan bobol Gogledd Iwerddon eu hawliau hefyd, ac nad oedd presenoldeb y milwyr o angenrheidrwydd yn helpu pethau. Os do fe! Neidiodd yr Arglwydd ar ei draed fel pe bai wedi ei gnoi, a dechrau dawnsio mewn cynddaredd nes bod ewyn yn tasgu o'i geg: 'I will not have anyone say a word against our boys in Northern Ireland! Don't you dare say a word against them!' Roedd wedi mynd i'r pot yn lân. A rhag iddo wneud neu ddweud rhywbeth y byddai'n edifar ganddo, fe drodd ar ei sodlau a rhuthro o'r ystafell, gan adael y swyddogion gwarchodol yn edrych braidd yn anghyfforddus.

Ar ôl ysbaid go hir, roedd Gronw a minnau ar fin ymadael unwaith eto pan ddaeth 'nôl i'r ystafell. Roedd wedi ymdawelu, a rhywun wedi rhoi crib trwy ei wallt. Fu yna fawr o lun ar y sgwrs wedi hynny, dim ond rhyw ystrydebu digon ffurfiol a dibwrpas, ac un rhybudd olaf ganddo, fel prifathro piwis yn dweud y drefn wrth blant bach drwg, na fyddai'n dygymod o gwbwl ag unrhyw dor cyfraith gan neb. Ac felly y gwnaethom ymwahanu; heddwch i'w lwch.

Elwyn Jones

DOEDDWN I DDIM yn nabod Elwyn Jones yn dda, ond croesodd ein llwybrau droeon, fel arfer adeg etholiad neu ymgyrch iaith, neu mewn stiwdio deledu. Bu'r ddau ohonom ar sawl rhaglen drafod dros y blynyddoedd, a'r ddau ohonom, mae'n siŵr, yn fêl ar fysedd y cynhyrchwyr gan ein bod mor barod â'n gilydd i groesi cleddyfau geiriol. Roedd o'n fy ngwylltio i ar ddim, a minnau'n ei wylltio yntau. Y peth rhyfeddaf am Elwyn oedd ei fod fel oen bach y tu ôl i'r llenni, ac yn batrwm o fanars ceidwadol, ond cyn gynted ag y byddai'r camerâu'n troi, byddai'n newid ei gymeriad yn llwyr (mae Felix Aubel, bendith arno, yn perthyn i'r un brid ddywedwn i).

Mae Elwyn yn dweud yn ei hunangofiant ei fod ef a minnau wedi rhannu'r wobr gyntaf yn arholiad Undeb yr Annibynwyr yn Llanuwchllyn yn 1962, gan ychwanegu 'er nad wyf yn siŵr a yw ef yn cofio'. Wel, does gen i ddim cof o'r achlysur o gwbwl, ond mae Elwyn yn dyfynnu'n helaeth o feirniadaeth y Parch. Maurice Loader, ac yn ychwanegu iddo wneud 'cŵyn swyddogol' am fy mod wedi gwneud rhywbeth mor 'wrthun' â chyrraedd y cyfarfod gyda gitâr! Mae fy nghof yn pallu mae'n rhaid.

Y profiad a gofiaf uwchlaw yr un arall oedd mynd i Blackpool i wneud eitem ar gynhadledd y Torïaid ar gyfer HTV; roedd un o bob plaid wedi cael gwahoddiad i wneud adroddiad am gynhadledd plaid arall, ac fe gefais innau'r fraint o graffu ar ddigwyddiadau'r Ceidwadwyr yn anterth teyrnasiad Thatcher. A'r person cyntaf imi ei nabod yno oedd Elwyn, a gwirfoddolodd yntau i'm tywys o gwmpas yr adeilad crand lle cynhelid y gynhadledd cyn i bethau gychwyn o ddifri. Aethom am dro trwy'r lle, ac yn un o'r ystafelloedd arhosodd yn sydyn a throi ataf gyda rhyw wên nefolaidd ar ei wyneb, a dweud: 'A

neithiwr ddiwetha mi basiodd hi heibio i'r union fan yma, a hynny o fewn ychydig lathenni i mi', gan bwyntio at y carped yn ddefosiynol. Roedd o'n siarad am y fendigaid Farged, wrth gwrs, un oedd yng ngolwg Elwyn o Stiniog yn perthyn yn agos iawn i'r angylion.

Ond uchafbwynt yr ymweliad i mi oedd cael mynd i gyfarfod ymylol oedd yn trafod yr Alban (er nad wyf eto'n hollol sicr a oeddwn i fod yno ai peidio gan ei fod yn gyfarfod caeedig, a doedd Elwyn ddim gyda mi chwaith). Yng ngoleuni'r hyn sydd wedi digwydd i'r Alban erbyn hyn, ac yn enwedig ers y refferendwm yn 2014, mae cofio rhai o'r pethau a ddywedwyd yn y cyfarfod hwnnw yn ddadlennol dros ben. Yr hyn a'm trawodd i – a 'nychryn a dweud y gwir – oedd yr atgasedd ffyrnig a fynegwyd tuag at y wlad honno, yn seiliedig yn bennaf ar y canfyddiad bod yr Alban yn cael gormod o arian gan y Trysorlys. Roedd rhai Aelodau Seneddol eithaf amlwg yn galw am dorri'r arian a roddid gan ei fod yn faich ar gyllideb y Llywodraeth. 'Mae'n hen bryd inni ddysgu gwers i'r Jocs, a dangos pwy yw'r bòs' oedd byrdwn y sylwadau, a'r dyrfa lawn yn amenio'n eiddgar.

Daeth Elwyn druan i ben ei rawd yn ŵr unig digon truenus ei fyd, ef a'i gathod. Mae'r Torïaid hwythau bellach yn synhwyro bod dyddiau eu goruchafiaeth dros yr Alban, beth bynnag am Gymru, yn cyflym ddirwyn i ben.

Norah Isaac

Ni CHEFAIS Y cyfle i eistedd wrth draed Norah mewn ysgol na choleg, ond fe gefais i un profiad cofiadwy iawn o fod yn aelod o gwmni drama dan ei chyfarwyddyd dros wyliau'r haf yn 1963. Ac roedd hwnnw'n ddigon i ddangos bod Norah'n gymeriad cwbwl ar ei phen ei hun. Ei syniad hi ydoedd o'r cychwyn, a galwodd ynghyd nifer o fyfyrwyr sawl coleg i berfformio anterliwt Twm o'r Nant, *Tri Chryfion Byd*, ar gefn lori mewn lleoliadau amrywiol o gwmpas Cymru.

Roedd y syniad mor newydd ac mor wahanol fel nad oedd gan neb o'r criw a ddaeth ynghyd fawr o glem beth oedd o'n blaenau. Ond roedd apêl yr annisgwyl, ynghyd â brwdfrydedd di-ben-draw Norah ei hun, yn ddigon o abwyd i'n denu. Ymhlith y criw a ddaeth at ei gilydd ar gyfer yr antur ryfedd roedd John Hefin, Non Watkin Jones a Gillian Miles o Goleg y Drindod, Valerie Williams a minnau o golegau Caerdydd, a Geraint Eckley o Goleg Aberystwyth.

Wedi ymarferion brys, daeth y lori, a ninnau'n teithio yn ei thrwmbel o le i le, gyda tharpolin dros ein pennau pan ddeuai'r glaw! Roedd yn hwyl a sbri, ond cofiaf inni amau ein doethineb a'n cyflwr meddyliol ein hunain ar ambell ddiwrnod gwlypach na'i gilydd. Ond roedd hwyl ar y perfformio, a Norah'n ein ceryddu a'n clodfori bob yn ail, ac yn ein hatgoffa'n gyson ein bod yn driw i ysbryd Twm o'r Nant ei hun, ac yn gwneud yr union beth oedd gan y bardd o Nantglyn mewn golwg wrth fynd â'i genadwri i'r bobol.

Yn ogystal â'i dawn i dynnu'r gorau allan o bob un ohonom, er prinned ein profiad fel actorion, yr hyn sy'n aros yn y cof am Norah oedd ei bod o ddifri ym mhopeth a wnâi, ac am i ninnau fod ar ein heithaf wrth berfformio, er teneued oedd

Norah Isaac oedd prifathrawes gyntaf Ysgol Gymraeg Aberystwyth.

y dorf mewn sawl lle. Ac un rheswm am brinder y dorf oedd bod Norah wedi dewis mynd â ni i lefydd nad oedd posib disgwyl criw niferus. Bu nifer o'r perfformiadau mewn cartrefi 'bonheddig', gyda thiroedd o'u cwmpas, a dwi erioed wedi deall yn iawn pam. Er enghraifft, yn lle perfformio ynghanol pentref Llanbrynmair, parciwyd y lori o flaen Plas Llwyn Owen yn ardal Bont Dolgadfan, cartref y Barnwr Syr Wintringham Norton Stable (gŵr a anfarwolwyd yn ddiweddarach trwy gael ei erlyn am yrru'n ddiofal ac yntau ynghanol ei nawdegau). Er na ddeallai lawer o Gymraeg, roedd y Barnwr yn gefnogol i'r Pethe, a hynny mae'n siŵr a ddenodd Norah i'w gydnabod fel noddwr ar y daith. Roedd y rheswm dros ddewis Plas Penucha, Caerwys, yn fwy amlwg; hwnnw oedd cartref y Rhyddfrydwr mawr Herbert Lewis, ac yr oedd ei ferch Kitty, y casglydd caneuon gwerin a ffrind y gyfansoddwraig enigmatig Morfydd Llwyn Owen, a'i gŵr Idwal Jones yn byw yno ar y pryd. Safle godidog arall y buom yn perfformio ynddo oedd Gregynog, lle bu Dora Herbert Jones yn gweithio am flynyddoedd; a dyna ichi'r cylch yn gyfan: roedd Dora yn ei hieuenctid yn ysgrifenyddes seneddol i Herbert Lewis, ac yn ffrind agos i'w ferch Kitty ac i Morfydd, oedd â'i gwreiddiau ym Maldwyn, ac a ddewisodd gael ei henwi ar ôl Plas Llwyn Owen. Ac i gwblhau'r cylch rhyfeddol o ferched disglair oedd ynghlwm â'r daith anterliwtaidd honno, bu un perfformiad arall ym Mhenybont Fawr, ar fuarth cartref Nansi Richards, Telynores Maldwyn, un oedd â meddwl uchel o waith Twm o'r Nant, ac un arall o eneidiau hoff cytûn Norah.

Tybed oedd y lleoliadau a ddewisodd yn awgrym bod Norah Isaac yn rhyw led-hiraethu am oes pan noddid y diwylliant a llenyddiaeth Gymraeg gan yr uchelwyr? Beth bynnag am hynny, cafwyd y perfformiadau olaf ar faes y Brifwyl yn Llandudno, mewn rhyw gilfach braidd yn ddiarffordd, ond roedd hynny yn ei dro yn rhagargoel o'r amrywiaeth byrlymus sydd bellach i'w weld ar Faes yr Eisteddfod. Enghraifft arall, mae'n siŵr, o syniadau arloesol y wraig danbaid o Faesteg.

Jac

GO BRIN FOD yr enw John Wesley Davies yn golygu fawr ddim i bobol y tu hwnt i Gefneithin, ond fel Jac (o Jac a Wil) roedd yn enwog iawn trwy'r Gymru Gymraeg, ac i ddilynwyr y diwylliant Cymraeg ar draws y byd. Bu farw Wil ei frawd ymhell o'i flaen, gan esgor ar un o straeon mwyaf cofiadwy y byd adloniant Cymraeg, am rywun yn cyfarch Jac ar faes y Brifwyl i gydymdeimlo, gan ddweud 'Ife chi neu'ch brawd sydd wedi marw?'

Cefais y fraint o ddod i nabod Jac yn eithaf da yn ystod ugain mlynedd olaf ei oes, ac yr oedd yn hyfryd o gymeriad, yn 'fachan piwr' yn nhafodiaith ei fro enedigol. Digon hawdd yw rhamantu am lowyr (a chwarelwyr) diwylliedig fel pobol oedd yn mentro'u bywydau dan y ddaear neu ar wyneb y graig, yn canu bob nos ac yn addoli bob Sul. Ond y ffaith amdani yw bod hwn yn ddarlun digon cywir o Jac Davies, am mai canu, capel a chymdeithas cyfeillion oedd ei ddiléit. Dechrau diddanu yn y capel yng Nghefneithin fel teulu cyfan oedd eu hanes, ac yna'r ddau frawd yn mentro ymhellach, nes yn y diwedd iddyn nhw ennill calonnau'r werin ym mhob cwr o Gymru, a'r Albert Hall.

Cofiaf yn dda fod Llanuwchllyn tua diwedd y 50au yn ferw am ddyddiau gan fod Jac a Wil yn dod i gynnal noson yn yr hen ysgol. Wyddwn i ddim, ar y pryd, beth na phwy oedd Jac a Wil. Roeddwn yn hwyr yn cyrraedd y neuadd, ac am fod y lle dan ei sang fe wthiais fy ffordd trwy'r dyrfa i drio cael cip ar y ddau frawd. Cip yn unig a gefais i, a phrin glywed y lleisiau di-feicroffon o bell, ond roedd y gynulleidfa wedi ei swyno gan y ddau löwr o Gwm Gwendraeth, a nhwythau'n teithio'n ôl i Gefneithin ar ôl y cyngerdd i ddal y shifft nesaf yn y pwll, yn ôl pob sôn.

Wedi cychwyn eu gyrfa'n recordio i gwmni Welsh Teldisc, daeth eu recordiau'n eiddo i Sain pan werthwyd y cwmni

Clawr yr albym *Caneuon Gorau Jac a Wil Cyfrol 2*.
Llun: Sain

hwnnw, a chawsom y fraint o roi goreuon y ddau frawd ar
gryno-ddisg, gan ailgynnau eu poblogrwydd, sy'n parhau hyd
heddiw. Anodd yw esbonio'n hollol beth oedd eu hapêl, ond y
mae rhan fawr o'r ateb yn perthyn i bersonoliaeth a chymeriad
Jac. Ac y mae'n siŵr bod yr un peth yn wir am ei frawd. Y
diffuantrwydd a'r naturioldeb oedd craidd eu cyfrinach, a'r
ffaith bod rhywun fel Jac wrth ei fodd yn canu. Dim ffrils, dim
swache, dim ond canu o'r galon.

Parhaodd Jac i ganu fel aelod o fwy nag un côr hyd y
diwedd, a doedd dim yn well ganddo na chwmnïaeth ei gyd-
aelodau yng Nghantorion y Rhyd. Dim byd ond ei ardd, efallai,
y parhaodd i'w thrin hyd ddiwedd ei wythdegau, a'r Eisteddfod
Genedlaethol, y mynychodd hi'n ffyddlon i'r diwedd yn ei
drowsus byr, a lliw haul y Gwendraeth ar ei groen iach. Bu
farw wrth wylio Cymru'n chwarae rygbi, ac yntau'n 90 oed.
Bachan piwr, Jac.

Gareth Mitford

I'R RHEINI OHONOM sy'n ymhél â gwleidyddiaeth, yn enwedig adeg etholiad, does dim yn codi calon yn fwy na gweld wyneb newydd ifanc yn ymddangos o nunlle, fel petai, i gynnig help. Fe ddigwyddodd hynny i mi fwy nag unwaith pan sefais, a minnau'n camu'n syth o rengoedd stormus Cymdeithas yr Iaith, fel ymgeisydd Plaid Cymru ym Môn yn Chwefror 1974. Ac un o'r wynebau prin hynny oedd wyneb llwyd a main Gareth Mitford Williams. Un prin iawn ei eiriau oedd Gareth, ond roedd yn weithiwr parod a dygn, a dim ond fesul tipyn y deuthum i wybod mwy amdano. Ni chymerai'r byd am ddweud ei fod yn fyfyriwr yn Rhydychen, neu'n ŵyr i'r arlunydd Mitford Davies, na dim arall a fyddai'n swnio fel petai o'n canmol ei hun. Bathwyd y gair 'diymhongar' ar gyfer pobol fel Gareth, ac eto, o aralleirio sylw creulon Churchill am Attlee, roedd ganddo fwy o bethau i fod yn ddiymhongar yn eu cylch na'r rhelyw ohonom.

Tua diwedd y 70au, a Gareth erbyn hynny wedi dod yn enwog yn y Gymru Gymraeg fel arweinydd côr cerdd dant Neuadd Pantycelyn, cafodd gynnig i ddod i weithio i gwmni Sain fel cynhyrchydd, ac roedd Huw Jones fy nghyd-gyfarwyddwr a minnau wrth ein boddau pan dderbyniodd. Roedd gosodiadau Gareth i'r côr wedi cythruddo rhai yn y byd cerdd dant am ei fod yn plygu, os nad torri, y rheolau sanctaidd, ond roedd y dehongliadau sensitif a thrawiadol wedi ennill calonnau miloedd ohonom. Roedd Gareth, er na fedrai ganu ei hun, yn gerddor i flaenau'i fysedd, yn delynor, yn caru barddoniaeth, ac fe welodd mewn cerdd dant gyfle i ddehongli barddoniaeth mewn ffordd newydd a chyffrous. Achosodd y feirniadaeth a gafodd gryn loes iddo, a gwelodd ei waith yn Sain fel cyfle i

arbrofi mewn meysydd newydd.

Roedd gan Gareth gymaint i'w gynnig i Sain, oherwydd ei wybodaeth eang mewn sawl maes, ei drylwyredd a'i barodrwydd i weithio gyda phawb. Ond roedd yna anawsterau hefyd. Roedd Gareth yn berffeithydd, a doedd pawb oedd am wneud recordiau Cymraeg, ym mha faes bynnag, ddim yn berffaith. Yn fuan iawn, daeth i sylweddoli nad oedd yn medru dygymod yn hawdd â sain stiwdio recordio, a dewisach ganddo oedd canolbwyntio ar waith gweinyddol a chyfansoddi nodiadau ar gyfer cloriau'r recordiau. Ond daliodd i gyfansoddi a threfnu cerddoriaeth ar gyfer pawb a ofynnai am ei help. A dechreuodd hefyd ar un o'i gynlluniau mawr, sef plethu caneuon gwerin Cymraeg yn ymwneud â'r môr yn un cyfanwaith di-dor gydag artistiaid fel Eirlys Parri a Pharti Menlli. Roedd ar ganol recordio'r gwaith hwnnw pan ddaeth yr aflwydd mawr ar ei warthaf, a dioddefodd salwch creulon cyn ein gadael yn ŵr ifanc yn 1982.

Hawdd yw gorganmol y meirw. Ond roedd Gareth Mitford yn gymeriad arbennig iawn; yn un a gasâi fân siarad mewn tafarndai, ac a dreuliodd oriau maith yng nghwmni cymdogion unig, yn un a gasâi'r goleuadau oren sy'n treiddio i bob cwr o'n gwlad, ac a eisteddai am hydoedd yn y tywyllwch gyda'i feddyliau a'i delyn yn gwmni. Cenedlaetholwr greddfol nad oedd yn gyfforddus ar lwyfan y brotest oedd hwn, ond un yr oedd y Gymru Rydd yn ei galon fawr.

Nansi,
Telynores Maldwyn

ROEDD NANSI RICHARDS yn hen pan wnes i ei chyfarfod gyntaf, ond hen ifanc oedd hi, mor ifanc ei hysbryd â'r delynores ugeinmlwydd a groesodd yr Iwerydd gyda'i thelyn a dod yn ffrindiau agos gyda Mr Kellogg, sylfaenydd yr ymerodraeth bwyd brecwast. A hi, yn ôl Nansi, a eglurodd iddo fod ei enw'n tarddu o'r gair Cymraeg 'ceiliog', a dweud wrtho y dylai fabwysiadu'r deryn hwnnw fel arwyddlun i'w gynnyrch boreol. Does neb yn hollol siŵr faint o wir sydd yn y stori honno, fel sawl stori arall yn hanes Nansi, ond dyw hynny ddim yma nac acw. Roedd Nansi Richards yn berson o gig a gwaed oedd yn bodoli rywsut mewn byd oedd hanner ffordd rhwng y byd hwn a byd y tylwyth teg, neu efallai fyd y sipsiwn. Roedd mwy nag ychydig o waed y sipsi yn ei gwythiennau, a chrwydro o le i le, 'newid aelwyd bob yn eilddydd', oedd ei ffordd o fyw.

Cofiaf yn arbennig daith ryfeddol i Gaerdydd a gefais yn ei chwmni ar ddiwedd y 60au. Fel Dora Herbert Jones hithau yn ei thro, roedd Nansi'n westai ar raglen deledu yn ymwneud â'r byd canu gwerin, a minnau'n cael y fraint o'i chludo i'r stiwdio yn y brifddinas. Roedd hi'n gydymaith hynod o ddifyr, a'r hanesion yn byrlymu trwy gydol y daith; weithiau byddai lle y teithiem drwyddo, neu fynydd yr aem heibio iddo, yn ei hatgoffa o rywun neu rywbeth neu ddigwyddiad. A'r cyfan yn gybolfa o hanes Cymru, profiadau personol, sylwadau miniog am bobol a bywyd, a llên gwerin, ac yn gymysgfa frith o ffaith a barn, dychymyg a chwedloniaeth. Fuodd yr un daith ar hyd yr A470 erioed mor ddifyr.

Doedd Telynores Maldwyn ddim yn un i dynnu ei chot a'i het ar chwarae bach, a methiant fu sawl ymgais gan Ieuan Davies, cynhyrchydd y rhaglen, i'w chael i wneud hynny. Ond yna gofynnodd Ieuan iddi lle'r oedd ei thelyn, ac atebodd hithau fel ergyd o wn: 'Telyn? Telyn? Does gen i 'run delyn wedi bod ers blynyddoedd! Dwi wedi eu rhoi nhw i gyd i ffwrdd.' A gwir y gair; canu telynau pobol eraill oedd hanes Nansi ers iddi roi ei thelynau ei hun i bobol ifanc i ddysgu'r grefft. Sôn am banics – bu'n rhaid anfon pobol trwy'r ddinas i chwilio am delyn i Nansi, ond pan gyrhaeddodd un ymhen hir a hwyr, cafodd y cynhyrchydd sioc arall. 'Dwi ddim wedi chwarae ers talwm iawn,' meddai Nansi, 'a beth bynnag, fedra i ddim gweld y tannau yn y gole gwirion yma.' Ond wedi cryn berswâd, ac ar ôl addasu goleuadau'r stiwdio, a rhoi tipyn o liw tywyll ar y tannau, fe dynnodd yr hen delynores y seiniau rhyfeddaf o'r offeryn benthyg, lleddfwyd pwysau gwaed y cynhyrchydd a chafwyd rhaglen i'w chofio.

Os oedd y daith i lawr – a'r rhaglen – yn gofiadwy, roedd y daith yn ôl yn hynotach fyth. Wrth inni ddynesu at Lanidloes, dywedodd Nansi: 'Dwi am ichi ddod hefo mi i gwrdd â rhywun; chymrith hi ddim dau funud.' Ac fe'm cyfeiriwyd oddi ar y ffordd fawr i fyny allt fechan ac at un o'r tai du a gwyn hyfryd sy'n nodweddiadol o ddwyrain Maldwyn. Rhaid cofio mai tua 1968 oedd hi, a minnau ynghanol berw'r ymgyrch peintio arwyddion ffordd a'r paratoadau at yr Arwisgo bondigrybwyll. Aeth Nansi a mi at ddrws y tŷ, ac wrth guro arno, meddai'n ddidaro: 'Dydi'r rhain ddim yn siarad Cymraeg, ac maen nhw'n eich casáu chi; ond dwi isio iddyn nhw weld nad oes gynnoch chi'm cyrn ar 'ych pen!' Gofia i fawr ddim am y sgwrs a fu rhyngom, dim ond ei bod yn un o'r sefyllfaoedd mwyaf anghyfforddus a brofais erioed, ond wedi glanio'n ôl yn y car, meddai Nansi: 'Dyna fo, mi ddôn nhw rownd, coeliwch chi fi.'

Wedi cyrraedd ei chartref ym Mhenybont Fawr, a minnau'n disgwyl y byddem yn ffarwelio, dywedodd: 'Arhoswch yma, fydda i fawr o dro, 'mond rhoi bwyd i'r gath a newid fy nghôt. Os ewch chi â fi i'r Parc, fyddwch chi'n mynd y ffordd honno,

Llun: Llyfrgell Genedlaethol Cymru

byddwch?' Roedd hyn yn newyddion llwyr imi, a doedd y Parc ddim ar fy ffordd adref mewn gwirionedd, ond doeddwn i'n meindio dim am y byddwn yn cael ei chwmni am awr neu ddwy arall. Ac felly y bu.

Nid Telynores Maldwyn, efallai, oedd y gyntaf i ddefnyddio'r ymadrodd, ond mae'n sefyll yn y cof fel un o'r datganiadau mwyaf ysgubol ei effaith a glywais oddi ar unrhyw lwyfan erioed. Pafiliwn Corwen oedd y lle, ar achlysur y noson deyrnged a drefnwyd i Nansi gan Gymdeithas yr Iaith, a'r hen bafiliwn mawr, o barchus goffadwriaeth, yn orlawn. Wedi'r perfformiadau a'r teyrngedau, perswadiwyd y gwrthrych anfoddog i'r llwyfan i gydnabod y gymeradwyaeth wresog, ac wrth i'r bonllefau dawelu, safodd Nansi heb ddweud dim am beth amser, nes i rywun ddechrau amau tybed oedd yr achlysur yn ormod iddi. Ond yna, yn ei ffordd ddidaro arferol, dywedodd: 'Tasa gen i gynffon, mi faswn yn 'i hysgwyd hi.' Roedd Nansi'n athrylith diarwybod, ar lafar, ac wrth dannau ei thelyn.

IB

ROEDD I B Griffith a minnau'n perthyn i ddwy genhedlaeth
wahanol, ac i ddwy blaid wahanol, a phan oeddwn i yn ei chanol
hi gyda'r Gymdeithas adeg yr ymgyrch arwyddion a'r ymgyrch
wrth-Arwisgo, roedd IB dros ei ben a'i glustiau yn y sefydliad,
ac yn Faer Tref Frenhinol Caernarfon adeg yr Arwisgiad ei
hun. Ac eto, er gwaethaf hyn oll, yr oeddem ill dau rywsut ar
yr un donfedd, ac ni chofiaf inni erioed gael ffrae go iawn.
Yr agosaf y daethom at groesi cleddyfau oedd ym Mhafiliwn
Eisteddfod Genedlaethol y Fflint yn 1969; roeddwn i'n canu
mewn cyngerdd swyddogol yn y Pafiliwn am y tro cyntaf, ac
IB yn arwain. Gofynnodd i mi beth roeddwn am ganu, a phan
ddywedais fy mod am ganu 'Yno yr Wylodd Efe', y gân sy'n
cyfeirio at yr Arwisgo a'r ddau a laddwyd yn Abergele gan
eu bom eu hunain, gwelwodd wyneb IB ac ymbiliodd arnaf
i beidio â chanu'r gân arbennig honno. Roedd hyn o fewn
ychydig wythnosau i'r helbulon, wrth gwrs, ac yr oed Maes
yr Eisteddfod yn ferw gan brotestiadau. Doeddwn i ddim yn
teimlo y gallwn gyfaddawdu, ac felly gwrthodais gais taer yr
arweinydd, a chanu'r gân i gynulleidfa oedd wedi ei pharlysu
gan gymysgedd o ofn, taeogrwydd a nerfusrwydd Cymreig.

Wnaeth hynny ddim gwahaniaeth i'n perthynas ni;
roeddwn i'n parchu'r ffaith bod gan IB ei rôl mewn
cymdeithas, ac roedd yntau, am wn i, yn parchu'r ffaith
bod gen innau lwybr gwahanol i'w gerdded. Edmygwn
yn fawr ei ddoniau llafar a'i ddawn i drin pobol, ac yn fy
marn i roedd yn ddarlledwr penigamp, yn arbennig felly
fel cyflwynydd cartrefol y rhaglen *Rhwng Gŵyl a Gwaith*.
Ei hiwmor oedd ei arf pennaf, a defnyddiai hwnnw nid yn
unig fel ffordd o ddiddanu cynulleidfa, boed honno mewn

pafiliwn eisteddfod, mewn festri capel neu yn siambr y Cyngor Sir, ond hefyd fel ffordd o dynnu'r colyn o sefyllfa a allai droi'n gas. Pan gefais i fy mhrofiad cyntaf fel cynghorydd ar Gyngor Arfon yn niwedd y 70au, un o'r swyddi ddaeth yn sgil hynny oedd bod yn llywodraethwr ar Ysgol Syr Hugh Owen, ac IB oedd y cadeirydd. Pan godai mater fel dysgu trwy gyfrwng y Gymraeg, ymateb yr hen do o gynghorwyr Llafur ac Annibynnol oedd dweud pethau fel: 'Tydan ni i gyd o blaid y Gymraeg? Cymraeg ydan ni gyd yn fa'ma, ysgol Gymraeg ydi hon, does dim angan ffraeo am y peth', a dangos fawr ddim dealltwriaeth o'r angen i gael polisi pendant yn y maes, fel a gafwyd yn ddiweddarach gan Gyngor Gwynedd. Roedd IB yn gwybod yn well, ond doedd yntau ddim am ddechrau ffrae ar y mater, a byddai'n ddieithriad yn taflu stori neu ddwy i ganol y pair; fel rheol rhyw jôcs bach digon diniwed fel: 'Glywsoch chi am yr athro hwnnw'n gofyn i'r plant am luosog enwau, a phan ofynnodd am luosog "carreg", dyma Joni Bach a'i law i fyny'n syth: "*Chippings*, syr!"' Dim llawer o jôc, efallai, ond roedd hi'n ddigon i newid y pwnc ac osgoi ffrae.

Pe baen nhw wedi eu geni rai degawdau'n ddiweddarach, ym Mhlaid Cymru y byddai pobol fel IB, ond roedd y cof am yr adeg pan oedd y Blaid Lafur yn golygu rhywbeth dwfn i deuluoedd ardal y chwareli llechi yn rhy gryf i bobol fel ef newid ei got. 'A beth bynnag,' meddai wrthyf unwaith pan awgrymais rhwng difri a chwarae ei bod yn hen bryd iddo newid plaid, 'pe bawn i'n ymuno â'r Blaid, faswn i'n cael fawr o groeso, a fyddai neb fawr elwach.' Tybed? Beth bynnag, atgofion digon cynnes sydd gen i ohono, ac y mae'n nodweddiadol bod yna sawl stori ddoniol wedi aros amdano fel rhan o'n chwedloniaeth, a'm ffefryn i yw honno amdano'n mynd at y tywysog ifanc tra'i fod wrthi'n ymarfer ar gyfer yr Arwisgo, gan gyflwyno'i hun wrth ymestyn ei law: 'I B Griffith', a Carlo'n ateb: 'I be Charlie.'

Mae'n dweud rhywbeth amdano iddo gytuno'n barod iawn i dynnu'r llun sydd ar glawr y llyfr hwn rai blynyddoedd wedi'r sioe yn y castell. Yn sicr, mae'n profi nad oedd yn ei gymryd ei hun, na'r teulu brenhinol, ormod o ddifri. Yno ar berwyl

Llun: Gerallt Llewelyn

gwahanol yr oeddem ein dau, a dwi'n meddwl mai Gerallt Llewelyn y ffotograffydd a awgrymodd y byddai'n syniad i gael llun o IB a minnau ar yr union lwyfan lle digwyddodd y seremoni. Fe wnes innau fynd â'r syniad gam ymhellach trwy benlinio o flaen y cyn-faer, er mwyn iddo yntau fy 'mendithio' fel petai. Dwi ddim yn gwybod a welodd IB y llun ai peidio, ond dwi'n weddol siŵr y byddai, o'i weld, wedi gwenu wrth feddwl bod y sosialydd gwerinol o Dregarth wedi adennill ychydig o ffafr yng ngolwg y Brenin Mawr.

Gwen Jones

Mrs Charlie Jones, neu Anti Gwen, oedd hi i bobol Llanuwchllyn, un o'r anwylaf o blant dynion. Roedd Charlie'n dipyn o arwr i ni'r plant gan ei fod yn bencampwr ar y bwrdd draffts, wedi ennill pencampwriaeth Brydeinig i weithwyr y rheilffordd ac yn gyfansoddwr posau draffts i'r papurau mawr. Ond fe'i collwyd yn ŵr cymharol ifanc o glefyd y galon. Roedd Gwen felly'n chwilio am waith ar yr union adeg y gwnaeth Mam ailgydio yn ei gwaith fel athrawes yn Ysgol Ramadeg y Merched yn y Bala, a dyna sut y bu iddi ddod i helpu cadw trefn ar y mans, ac ar bedwar o hogia braidd yn anystywallt.

Roedd Anti Gwen yn barod ei gwên bob amser, hyd yn oed pan nad oedd fawr o hwyl ar y pregethwr, a phawb yn cadw o'i ffordd. Ac yn ei ffordd fach gynnil ei hun, dwi ddim yn amau na fu'n fodd i dawelu sawl storm, ac i ddargyfeirio ambell gorwynt. Mae rhai pobol yn meddu ar y ddawn gynhenid i allu nabod cymeriadau, a darllen yr arwyddion, ac yr oedd Gwen yn un o'r rhain.

Roedd hi'n meddu ar ddoethineb y tu hwnt i'r cyffredin, a bu'n rhaid wrtho ar un achlysur yn sicr. Roedd Dad a Mam wedi mynd ar grwydr i Iwerddon yn y garafán (sut roedd y ddau a Mr a Mrs Ifor Owen yn llwyddo i fyw yn y fath bitw bach o garafán am wythnos does gen i ddim syniad), ac yr oeddwn innau'n dathlu fy mhen-blwydd yn 21. Doedd dim amdani ond gwahodd llwyth o swogs a staff cegin Gwersyll Glan-llyn (lle'r oeddwn yn gweithio dros yr haf) draw i'r mans am barti. Ac fe gafwyd chwip o barti, credwch chi fi. Fore trannoeth, doedd fawr o siâp ar godi, a daeth Gwen draw yn ôl ei harfer i dacluso, ond buan y gwelodd nad oedd llawer o bwynt iddi wneud hynny, ac yr oedd rhoi ei phen heibio i

Gwen Jones a'i gŵr, Charlie Jones.

ddrws pob ystafell yn ddigon i'w hargyhoeddi mai 'dod yn ôl yn nes ymlaen' fyddai orau.

Erbyn iddi ddychwelyd, roeddem wedi rhyw lun o guddio'r rhan fwyaf o'r pechodau, a swyddogion gwersyll Urdd Gobaith Cymru fach wedi dianc am eu bywydau yn ôl at lannau Llyn Tegid. Ac ni fu Gwen fawr o dro'n rhoi trefn ar y cyfan, gan fwmian canu yn ôl ei harfer. Ddywedodd hi ddim am y diwrnod hwnnw wrth neb, hyd y gwn i, tra buodd hi, dim ond taflu ambell wên ddireidus bob hyn a hyn wrth ddwyn i gof ei chyfnod yng Ngarth Gwyn, cyfnod oedd yn amlwg wrth ei bodd, a chyfnod nad oedd hi byth yn blino sôn amdano.

Treuliodd flynyddoedd olaf ei hoes faith mewn bwthyn ar safle 'cysgodol' a berthynai i Gymdeithas Tai Clwyd yn Nolgellau – patrwm delfrydol o gartref henoed oedd yn caniatáu annibyniaeth a diogelwch, rhyddid a gwarchodaeth ar yr un pryd. Galwn heibio'n lled aml ar fy nhaith rhwng De a Gogledd, a phleser pur oedd gwrando arni'n hel atgofion, yn holi hynt a helynt y brodyr ac yn chwerthin wrth gofio'r troeon trwstan, y stormydd a'r hwyl oedd yn chwyrlïo trwy ystafelloedd Garth Gwyn yn y dyddiau difyr gynt. Popeth ond y parti hwnnw, oedd yn gyfrinach rhyngom hyd y diwedd.

Ni chwrddais erioed â neb a heneiddiodd yn fwy llawen a bodlon ei byd na Gwen Jones. Doedd ganddi fawr o aur y byd, ond roedd ganddi ei ffydd yn Nuw, a chariad at y ddynoliaeth, a bu farw'n ifanc ei hysbryd yn 101 oed. Ac os cafodd hi garden gan y Frenhines ar ei phen-blwydd yn 100, wnaeth hi ddim yngan gair wrth neb.

Olwen Davies

ROEDDWN YN SEFYLL y tu ôl i ryw stondin neu'i gilydd yn
Aberystwyth – ni chofiaf yn awr ai pamffledi'r Blaid neu'r
Gymdeithas ynteu fy recordiau i yr oeddwn yn eu hwrjio ar y
pryd – pan safodd y wraig sylweddol hon o 'mlaen a gwyro tuag
ataf nes bod ein hwynebau'n cyffwrdd bron, a datgan: 'Dafydd
Iwan! Fe ddewch i ganu i ni yn Aberystwyth, yn g'newch chi?
Yr elw at achos heddwch!' A dyna ddechrau ar fy mherthynas
ag un o'r ymgyrchwragedd mwyaf brwd ac afieithus a welodd
Cymru erioed. Roedd Olwen, fel y cefais wybod yn fuan iawn,
yn gantores led broffesiynol yn ei dydd, ac yn nabod aelodau
blaenllaw o'r mudiad heddwch, megis Bruce Kent, yn dda.
Achos heddwch oedd ei bywyd, CND ar ei gwisg a'i chalon,
ac wrth iddi fynd yn hŷn, cynyddu wnâi'r brwdfrydedd a'r
gweithgarwch, a'i syniadau weithiau'n carlamu'n wyllt o'i
blaen. Ond cymaint oedd ei hasbri a'i dygnwch, llwyddai i
berswadio pobl i gydsynio â'i syniadau, boed i drefnu ffair,
sioe gerddorol neu weithgarwch mwy ecsentrig i ledaenu'r gair
a chodi arian at yr achos.

Mae'n siŵr fod mwy nag un ohonom wedi ochrgamu Olwen
ar ryw adeg neu'i gilydd, er mwyn ceisio osgoi cael ein llusgo
i mewn i'w chynlluniau, oherwydd fe wyddem, os câi Olwen
afael arnoch, mai anodd os nad amhosib oedd dweud na. A'r
hyn sy'n aros yng nghof rhywun yw'r diffuantrwydd hwnnw
sy'n perthyn i'r rhai sy'n gallu creu'r argraff mai'r bobl sy'n
anghytuno â chi yw'r rhai od. Onid cefnogi heddwch yw'r peth
naturiol i'w wneud? Onid gwrthwynebu gwario biliynau ar
arfau niwcliar yw'r safbwynt mwyaf rhesymol yn y byd? Onid
yw'n bwysicach rhoi arian ac amser i warchod bywydau pobl
yn hytrach na dyfeisio ffyrdd newydd o'u lladd? Doedd Olwen

byth yn gwastraffu egni'n pardduo'r gwrthwynebwyr – pledio achos heddwch a diarfogi oedd ei chenhadaeth hi mewn bywyd.

Gyda'r blynyddoedd, aeth y wraig sylweddol, ddeinamig yn wraig deneuach, ddeinamig, ond heneiddiodd mewn steil, a pharhau wnaeth ei hoffter o'r llwyfan, o ganu a gwisgo i fyny ar gyfer y perfformiadau. Ble bynnag yr âi, roedd hi'n siŵr o anfon cerdyn neu lythyr, neu weithiau bwt o bapur neu lun wedi ei dorri o bapur newydd, a hanes rhyw ddigwyddiad yn ymwneud â'r ymgyrch heddwch. Ac yn aml iawn, soniai ei bod yn edrych ymlaen i fynd i westy Penmaenuchaf Hall, Penmaenpŵl, lle'r âi bob blwyddyn yng nghyfnod olaf ei bywyd gyda chriw o bobol ifanc o Belarws oedd yn dioddef o effeithiau trychineb Chernobyl. Fe es yno i'w cyfarfod unwaith, ac i ganu ychydig o ganeuon i'r ymwelwyr, ac yr oedd Olwen fel brenhines yn eu plith, a hithau'n gweddu i'r dim i'r adeilad hardd, y gerddi a'r olygfa odidog o'r afon a bryniau Meirionnydd. Os oes unrhyw un erioed wedi llwyddo i droi bywyd o brotest yn fywyd o urddas a steil, Olwen Davies oedd honno.

Julian Cayo Evans
(Cayo)

CAEL PANED O goffi oeddwn i yn yr Home Cafe neu rywle cyffelyb ar ddydd Sul wedi nos Sadwrn yn Aberystwyth ar ddechrau'r 60au. Dywedodd rhywun: 'Maen nhw'n deud bod Cayo yn y dre neithiwr!', ac fe synhwyrech ryw gyffro rhyfedd yn mynd trwy'r cwmni. A dyna'r tro cyntaf imi glywed amdano – ond yn sicr nid y tro olaf. Tyfodd y straeon am y gŵr lledrithiol hwnnw nes ei fod yn gawr yn ein dychymyg, yn groes rhwng Twm Siôn Cati ac Owain Glyndŵr, yn dofi ceffylau gwyllt liw dydd ac yn hyfforddi Byddin Rhyddid Cymru yn y bryniau liw nos. Welais i erioed mohono yn Aberystwyth, ond byddai'r chwedloniaeth am ei ymweliadau prin â'r lle fel rheol yn cynnwys cyfeiriad at grasfa haeddiannol a gafodd ryw Sais gwrth-Gymreig neu'i gilydd a feiddiodd groesi llwybr arweinydd yr FWA. A doedd neb call yn croesi Cayo.

Aeth sawl blwyddyn heibio cyn imi gyfarfod y gŵr ei hun, ac erbyn hynny roedd y ddelwedd wedi pylu rhywfaint, a'r chwedlau amdano'n fwy cymysg a dweud y lleiaf. Roedd y straeon am Fyddin Rhyddid Cymru weithiau'n ymylu ar y chwerthinllyd, ac eto roedd yna elfen o arwriaeth, elfen o barchu'r anwybod, yn dal i droi o gwmpas Cayo a'i griw. Yng Nghilmeri oeddem ni pan gwrddais i ag o, a nifer o'i gyd-filwyr, oll yn eu lifrai priodol. Ac wrth inni basio'n gilydd ym mynedfa'r eglwys, agorodd ei law a dangos bwled aur imi: 'I'm keeping this one for the Secretary of State!' Rhyw droedio felly rhwng difri a ffars yr oedd Cayo gydol ei fywyd, ond roedd ganddo rywbeth, ac roedd ganddo ddilynwyr.

Yng ngharchar Caerdydd y des i ar ei draws wedyn; roedd o wedi ei garcharu ar ddiwrnod yr Arwisgo am droseddau y mae llawer yn credu na ddylid bod wedi eu dwyn gerbron unrhyw lys. Ac yn sicr, doedd natur y 'troseddau' ddim yn teilyngu'r fath achos hirfaith a drudfawr â'r un a gafwyd yn Abertawe. Roedd y cyfan yn rhan o'r ymgais gan y sefydliad Prydeinig i greu ofn a dychryn ymhlith y bobol fel gwrthbwynt i rwysg ac ysblander ffug yr Arwisgo yng Nghaernarfon. Roeddwn innau wedi fy ngharcharu am beidio â thalu dirwy yn dilyn fy rhan yn yr ymgyrch peintio arwyddion, ac yr oedd cynnwrf mawr a phrotestiadau lu yn digwydd y tu allan o ganlyniad i'r carchariad.

Yn anffodus, doeddwn i ddim yn gallu clywed dim am yr hyn oedd yn digwydd ar yr ochr arall i'r muriau, gan fod carcharor yn gorfod treulio mis dan glo cyn cael breiniau fel derbyn papur dyddiol. Ond wrth inni droedio rownd a rownd yr iard ymarfer un bore, llwyddodd Cayo i symud trwy'r rhengoedd a smyglo copi o'r *Western Mail* imi dan ei grys, cyn symud ymlaen oddi wrthyf. Llwyddodd Cayo i wneud hyn bob bore wedi hynny, nes i un o'r sgriws ei ddal a gweiddi: 'Evans, if you do that again, you've had it!' Aeth Cayo'n ôl i'w le'n y cylch, gydag winc i 'nghyfeiriad i, ond y tro nesaf iddo basio'r swyddog, dyma ddatgan, yn ddigon clir i bawb o'i gwmpas glywed: 'When we get a free Wales, you'll be the first for the firing squad, mate!'

Yn y carchar, doedd gan Cayo ddim ofn neb, a fe oedd arweinydd naturiol y carcharorion eraill, ac os oedd neges angen ei dwyn gerbron y Pennaeth, Cayo oedd y dewis amlwg i fynd â hi. Mae'n debyg fod yna rywbeth yn ei gymeriad a'i gwnâi'n arweinydd, ac rwy'n sicr pe bai wedi gallu tymheru tipyn ar ei awydd i chwarae sowldiwrs, y gallai Cayo fod wedi gwneud cyfraniad pwysicach i'r ymgyrch dros ryddid gwleidyddol Cymru. Ond fel y mae hi, gallwn yn sicr ei gydnabod fel un edefyn lliwgar yng ngwead y cyfnod pwysicaf yn ein hanes fel cenedl.

R Gwynn Davies

WEDI INNI SYMUD i fyw i'r Waunfawr yn gynnar yn y 70au, gwelsom fod nifer o deuluoedd o'r un oed â ni wedi gwneud yr un peth, ac fe dyfodd cymdeithas eithaf bywiog yn ein plith, gan roi bodolaeth i bethau fel Ysgol Feithrin a bywiocáu'r gangen Plaid Cymru leol, yn ogystal â chael nifer dda o ieuenctid yr ardal i gymryd rhan yn ymgyrchoedd Cymdeithas yr Iaith. Mae arna i ofn nad y fi oedd y person mwyaf poblogaidd ymhlith rhieni'r ardal gan eu bod yn fy ngweld fel yr un oedd yn bennaf cyfrifol am arwain eu plant i drwbwl gyda'r awdurdodau yn ystod rhai o'r ymgyrchoedd hyn. Un rhiant a ffoniodd i roi pryd o dafod imi oedd tad Trystan a Dylan Iorwerth, gan i'r ddau fod yn y llys yn dilyn gweithred yn enw'r Gymdeithas; roedd yn bryderus iawn fy mod yn eu harwain ar gyfeiliorn, a'u bod yn rhy ifanc i sylweddoli oblygiadau eu gweithredoedd; ond chwarae teg iddo, roedd yn ddigon rhesymol ac ystyried popeth, a wnaeth y profiad ddim drwg i Trystan nac i Dylan, hyd y gwn i.

O safbwynt gwleidyddol, roedd hi'n anffodus bod yna ychydig o rwyg rhwng y newydd-ddyfodiaid cenedlaetholgar a'r boblogaeth gynhenid, ond rhwyg rhwng y cenedlaethau oedd hynny'n bennaf, gan fod yr ymgyrchwyr mwyaf brwd yn dod o blith y teuluoedd lleol, megis y diweddar John Huws, Ifanwy Rhisiart a'i chwaer Catrin, a'r mwyaf ymroddedig o'r cyfan, Teresa Pierce, a garcharwyd droeon. Ac ymhlith y rhai hŷn hefyd roedd digon o gefnogaeth gan bobol fel Dr Alwyn Miles a'i briod, a hefyd R Gwynn Davies. Roedd Gwynn yn gyfreithiwr i'r Cyngor Sir ar y pryd, ac yn boblogaidd iawn yn ein nosweithiau llawen anffurfiol byrfyfyr gyda'i adroddiadau digri a'i gyflenwad o win cartref.

R Gwynn Davies gyda'i fab Gwion, yr ysbrydoliaeth ar gyfer sefydlu Antur Waunfawr.

Yn ddiweddarach, daeth Gwynn yn glerc yr ynadon, ac fe fûm mewn sawl achos llys pan oedd yn gweithredu yn y swydd honno. Er y gwyddwn yn iawn fod calon Gwynn gyda'r Gymdeithas, roedd yn gwneud ei ddyletswydd fel swyddog y gyfraith i'r llythyren. Cyfaddefodd wrthyf rai blynyddoedd yn ddiweddarach mai dau ganlyniad oedd yn effeithiol yn achosion Cymdeithas yr Iaith, sef naill ai i'r ynadon ollwng y diffynyddion yn rhydd â dirwy fechan ddi-nod os o gwbwl, neu garchariad, gan y gwyddai y byddai'r naill ganlyniad a'r llall yn hybu'r achos yn y pen draw. Ac meddai, gyda'r direidi oedd mor nodweddiadol ohono: 'Mi faset ti'n synnu faint o aelodau'r Gymdeithas y bues i'n gyfrifol am eu carcharu!'

Ond cyfraniad mawr ei fywyd oedd sefydlu Antur Waunfawr, ac roedd yn fraint cael bod yn un o'r criw bychan a alwyd ynghyd gan Gwynn i osod sylfeini'r antur bwysig honno. Fel rhiant i fachgen gydag anawsterau dysgu, roedd Gwynn yn argyhoeddedig mai trwy eu cynnwys yn rhan o gymdeithas, a rhoi gwaith go iawn iddyn nhw i'w wneud, yr oedd cael y gorau o bawb ag anawsterau o'r fath. A chyda phenderfyniad

115

ac ymroddiad llwyr, aeth ati i berswadio'r awdurdodau, yn genedlaethol ac yn lleol, i fuddsoddi yn y gwaith. Ffrwyth ei lafur ef yn anad neb arall yw'r sefydliad ardderchog a adwaenir fel Antur Waunfawr heddiw. Cyfrannodd nid yn unig ei weledigaeth, ond hefyd cyflwynodd dir ac adeiladau ym mhentref Waunfawr fel safle i wireddu ei freuddwyd fawr, sydd wedi gwella ansawdd bywyd degau lawer o unigolion, a hefyd wedi cyfrannu'n helaeth at fywyd cymdeithasol Waunfawr a'r cylch.

Roedd Gwynn yn gymeriad cymhleth, ac yn gwmni difyr. Cefais y fraint o fod yn gyd-aelod o dîm Talwrn y Waun gydag ef am rai blynyddoedd, a chadw sawl oedfa yn y capel yr oedd yn bennaf cyfrifol am ei gynnal. Ond y rhyfeddod oedd bod Gwynn yn anghredadun, neu o leiaf yn methu perswadio'i hun i gredu, ac yr oedd hynny'n ofid mawr iddo hyd y diwedd. Pan gaewyd y capel, trosglwyddwyd y tŷ capel i'r Antur, ac y mae bellach yn rhan annatod o'r gwasanaeth hanfodol hwnnw. Fe greda i fod yr Antur heddiw'n troi'r efengyl y bu Gwynn yn ymgiprys â hi gydol ei oes yn weithredoedd Cristnogol di-ail.

Euros Bowen

Wrth roi casgliad *Lleisiau Beirdd Cymru* at ei gilydd yn Sain, cefais olwg newydd ar waith rhai o'r beirdd yr oeddwn wedi arfer meddwl amdanyn nhw fel beirdd 'tywyll', a'r pennaf yn eu mysg oedd Euros Bowen. O'i glywed yn darllen ei gerddi (ac yn cynnig peth eglurhad hefyd yn y recordiad gwreiddiol), des i werthfawrogi a mwynhau ei waith yn fwy. Pan oeddem yn byw yn Llanuwchllyn, rhaid cyfaddef mai cymeriad ecsentrig a braidd yn od, os nad doniol, oedd y ficer o Langywer i ni. Dyn bychan o gorff a chanddo lais main, undonog ac acen go ryfedd nad oedd modd ei lleoli.

Rywbryd yn ystod y cyfnod hwnnw, cofiaf i Euros, Ifor Owen, y prifathro dawnus lleol, a Nhad sefyll etholiad ar gyfer y cyngor plwy yn enw Plaid Cymru. Daeth y tri ar waelod y pôl, ond cafodd Euros ddigon o bleidleisiau i grafu i mewn fel yr aelod etholedig olaf, gan adael Ifor a Nhad ar y clwt. Hwnnw, am wn i, oedd y blas cyntaf a gefais ar siomedigaeth etholiadol; bu sawl un wedi hynny. Ond sôn am Euros Bowen yr oeddwn, y dyn na welid fawr ddim ohono ar lawr gwlad, ac y dychmygwn ef yn llafurio yn ei gell unig yn ysgrifennu barddoniaeth nad oedd fawr neb yn ei deall, er imi gofio Nhad yn dyfynnu un o'r cerddi yn ystod ei bregeth unwaith: 'Tohŵ-wa-bohŵ y byd'. Dwn i ddim ar y ddaear faint o help oedd hynny i'r bregeth chwaith.

Fe wyddwn ymhle roedd Euros yn byw, oherwydd bob bore bron byddai'r trên bach un goets a'm cludai i'r ysgol ar hyd ymyl Llyn Tegid yn stopio yn Llangywer ac yn chwythu ei chwiban nes i Huw a Gwyn ymddangos o'r ficerdy â'u gwynt yn eu dwrn wrth ruthro am y trên. Weithiau byddai'r gyrrwr yn colli amynedd, ac yn mynd ymlaen heb feibion y ficer, ond

117

chwarae teg iddo, disgwyl am y disgyblion hwyrfrydig fyddai o gan amlaf. Tybed a fu trên ysgol tebyg i hwnnw erioed – ac a fu siwrnai gyffelyb i'r siwrnai honno i unrhyw ysgol yn y byd, gyda glannau syber Tegid?

Flynyddoedd lawer yn ddiweddarach, roeddwn yn ŵr gwadd i Gymdeithas Owain Cyfeiliog yn Llangollen, ac Euros Bowen erbyn hynny wedi ymddeol ac yn aelod ohoni. Roedd yr aelodau'n ddigon prin i bawb fedru cyfarfod mewn ystafell wely yn un o westai'r dref, a phawb oedd heb gadair yn eistedd ar wely. Darllenais dipyn o waith heb ei gyhoeddi gan deulu'r Cilie, allan o hen lyfrau nodiadau a gefais gan fy nhad, ac yna cafwyd trafodaeth. Yr unig beth a gofiaf o'r drafodaeth oedd ymosodiad huawdl ac ymfflamychol Euros Bowen ar waith y beirdd cynganeddol. Byrdwn ei bregeth oedd bod stwff mewn cynghanedd yn cael ei dderbyn fel barddoniaeth heb fod yna rithyn o farddoniaeth yn agos iddo, a'n bod fel cenedl yn cael ein twyllo gan swyn, sain a chlec y gynghanedd i gredu bod rhyddiaith ddienaid yn farddoniaeth dim ond am ei fod yn swnio'n dda, a dyfynnodd sawl enghraifft enwog o 'sbwriel' cynganeddol i brofi ei bwynt!

Gresyn na fyddwn wedi gallu recordio'r bregeth honno. Nid fy mod yn cytuno gant y cant â'r ficer bach piwis, ond yn sicr roedd ganddo wynt yn ei hwyliau, a sail go gadarn i'w ddadl. Ac fe lwyddodd i wneud ei bwynt ag arddeliad yn yr ystafell wely gynnes honno yn Llangollen. Bardd gwreiddiol, talentog a diflewyn-ar-dafod oedd Euros, heb os, un a chanddo farn bendant ar lawer pwnc, ac nad oedd yn ofni pechu eraill wrth ei mynegi.

Jâms Niclas

O EDRYCH YN ôl ar fy nghyfnod yn Ysgol Tŷ Tan Domen y Bala yn niwedd y 50au, rhaid dweud ein bod yn ffodus iawn yn ein hathrawon, at ei gilydd. Owain Owain yn athro cemeg, Tecwyn Elis yn athro Cymraeg a cherdd, Tom Edwards a Geraint James (aeth y ddau i'r Coleg Normal yn ddiweddarach) yn athrawon mathemateg a hanes, Vernon Jones yn athro daearyddiaeth a Maurice James yn athro Saesneg. Ac efallai mai'r mwyaf arbennig ohonyn nhw i gyd oedd y bardd-fathemategwr breuddwydiol Jâms Niclas.

O ystyried bod y rhai a enwais i gyd yn genedlaetholwyr brwd dros y Gymraeg (gan gynnwys yr athro Saesneg, oedd yn athrylith yn ei ffordd ei hun, ond heb ddim Cymraeg), mae'n rhyfedd meddwl cymaint oedd gafael yr hen gyfundrefn addysg arnyn nhw i gyd, ac mai yn Saesneg y dysgent fel rheol. Ond i fod yn deg â nhw (yn enwedig felly athrawon y 'lessons history a geography'), yn ystod y cyfnod dan sylw roedd y rhan fwyaf yn arloesi yn y gwaith o ddysgu trwy gyfrwng y Gymraeg – a hynny heb fawr o gefnogaeth o du'r awdurdod addysg, na'r prifathro, hyd y gwn i. Cofiaf yn dda y gwersi cyntaf hynny trwy gyfrwng y Gymraeg gan Vernon Jones mewn daearyddiaeth a Geraint James mewn hanes, a ninnau – fel nhwythau, mae'n siŵr – yn synhwyro ein bod yn rhan o ryw antur fawr newydd.

Rhyfeddach fyth yw cofio am Jâms (neu 'Nic', yn ôl y llysenw a gafodd gennym) yn parablu mewn Saesneg, ond erbyn y chweched dosbarth, ac yntau wedi cael criw bach mwy dethol ohonom o dan ei adain, dysgai'n rhwydd a chyfforddus yn ei Gymraeg Sir Benfro hyfryd. Teg yw dweud nad oedd fawr o reolaeth gan Jâms dros y dosbarthiadau is, a thueddai'r crymffastiau o feibion fferm wneud ei fywyd yn bur anodd.

Jâms Niclas gyda'i ferch Saran.

Doedd neb yn addfwynach na Jâms, ac ni fyddai wedi brifo neb dros ei grogi, ond ar adegau fe'i gwthid mor bell gan ambell ddisgybl annosbarthus nes yr anelai ergyd gyda'r cwmpawd mawr pren a ddefnyddiai i dynnu cylch ar y bwrdd du at fraich y llanc, a stopio gryn dair modfedd o'r targed. Ond rhy hwyr, byddai'r llanc yn sgrechian fel mochyn dan y gyllell, a wyneb yr athro druan yn wyn fel y galchen. Byddai'r wers yn mynd rhagddi rywsut, ond byddai griddfan y dioddefwr yn parhau i beri gofid i'r athro, nes i hwnnw fynd ato a gofyn mewn llais isel, llawn pryder ac ofn: 'Did I hurt you, boy?' Byddai'r ddrama'n destun difyrrwch mawr i'r gweddill ohonom, wrth gwrs.

Ar dro, byddai gwersi Jâms yn dod i stop sydyn, ac yntau'n syllu trwy'r ffenest i'r gofod â golwg bell-freuddwydiol yn ei lygaid. Arhosai felly am gryn amser, a thybio roeddem ei fod yn 'barddoni' ar adegau felly, yn chwilio am y llinell o gynghanedd honno oedd efallai'n gwrthod dod i fwcwl. Er cymaint o hwyl a gaem ni ddisgyblion annisgybledig Tŷ Tan Domen am ei ben, fe wyddem yn ein calonnau fod yna rywun go arbennig yn ein dysgu. Ac yn y chweched dosbarth, llwyddai i gyflwyno prydferthwch y fathemateg inni, fel pe bai'n estyniad o'r farddoniaeth oedd mor agos at ei galon. Cofiaf iddo unwaith, wrth edrych ar waith cartref yr oeddwn wedi ei wneud yn fy llyfr 'sgriblo', ddigwydd taro ar benillion yr oeddwn wedi'u cyfansoddi i Heulwen Haf, fy nghariad ar y pryd. Fe geisiais dynnu'r llyfr oddi arno, ond roedd fel plentyn wedi darganfod losin, a mynnai ddarllen y penillion, gyda gwên ddireidus ar ei wyneb: 'Ma nhw'n dda, fachgen!' meddai'n llawn brwdfrydedd; doedd dim yn arbennig amdanyn nhw, ond roedd Jâms y funud honno'n credu eu bod yn llawer pwysicach na'r broblem fathemategol yr oeddwn wedi bod yn ymlafnio i'w datrys.

Roedd diwrnod ei angladd ym mis Hydref 2013 yng nghapel Penuel, Bangor, yn un trist-felys; trist am ein bod yn ffarwelio â Chymro o heddychwr a garodd Gymru, y Gymraeg a'i barddoniaeth â'i holl enaid, a melys am inni chwerthin wrth rannu cynifer o atgofion trwstan amdano. Atgofion fel yr un amdano'n arolygu ar ran Ei Mawrhydi mewn rhyw ysgol neu'i gilydd, ac yn agor y drws anghywir a disgyn ar ei ben i ganol y brwshys llawr, neu'r stori amdano'n brifathro yn holi disgybl oedd wedi bod yn yr ysgol am fwy o flynyddoedd na Jâms ei hun: 'A shwt y'ch chi'n setlo lawr 'ma, 'te?'

Ifor Owen

FE WYDDWN AM Ifor Owen cyn symud i fyw i Lanuwchllyn, am mai ef oedd tad y comic Cymraeg *Hwyl*, ac yr oeddwn yn edrych ymlaen at ei gyfarfod yn fwy na neb arall wrth adael y Gwter Fawr am Benllyn bell. A thestun siom imi oedd fy mod yn rhy hen i fynd i Ysgol O M Edwards yn y Llan, ac yn rhy hen felly i gael fy nysgu gan awdur a thad Tomi Puw, Defi John a Pero Bach. A gall pawb a gafodd eu dysgu ganddo, fel fy mrodyr Arthur ac Alun, dystio ei fod yn athro arbennig iawn, a'i ddoniau fel arlunydd yn cyfrannu'n helaeth at gyfoeth a difyrrwch y gwersi.

Fel artist, roedd Ifor Owen yn dipyn mwy na lluniwr comic; roedd yn grefftwr o arlunydd, yn gallu troi ei law at sawl cyfrwng, ac yn arbennig o fedrus fel ysgythrwr, crefft sydd wedi rhoi inni rai o'i weithiau gorau, fel ei gyfres o luniau o gartrefi enwogion Cymru. Roedd hefyd yn llunio cerddi, yn llythrennwr cywrain, a chyfrannodd yn helaeth at ddyluniad cloriau llyfrau Cymraeg, a darlunio llawer o'u cynnwys hefyd. Ond efallai mai ei hoffter mawr oedd hanes Cymru – a hwnnw'n tarddu bob amser o wybodaeth fanwl am ei filltir sgwâr ei hun, boed honno yn ardal Cefnddwysarn, Croesor, Gwyddelwern neu Lanuwchllyn. Fel pob athro da, roedd addysg i Ifor Owen yn cychwyn wrth ei draed. Ac yr oedd ganddo ddawn ddihafal i drosglwyddo hanes ei bobol i'w gynulleidfa – boed honno'n gynulleidfa o blant neu oedolion.

Roedd Ifor a Nhad yn ffrindiau pennaf, a'u gwragedd yr un modd, a threuliasant sawl gwyliau yng ngharafán fechan Dad a Mam, yng Nghymru, neu ar deithiau i Lydaw, Iwerddon a'r Alban. Ar wahân i'w cenedlaetholdeb a'u hoffter o'r Pethe, roedd un nodwedd arall yn gyffredin i Nhad ac Ifor, sef fod gan

y ddau ffiws go fyr, a chlywsom si am sawl ffrae a fu wrth golli
ffordd ar rostiroedd Iwerddon, a'r naill a'r llall mor bendant â'i
gilydd ynglŷn â'r ffordd ymlaen, a neb yn fodlon ildio!

Fel cenedlaetholwyr, roedd y ddau yr un mor danbaid â'i
gilydd yn erbyn boddi Cwm Celyn, ac yn fuan ar ôl inni symud
i Lanuwchllyn yn 1955 dechreuodd y sôn am y bygythiad
i'r cwm. Bu'r ddau'n frwd dros yr ymgyrch i'w achub, ac yn
cefnogi'r pwyllgor amddiffyn. Ifor oedd yn gyfrifol am lawer
o'r posteri a gariwyd yn ystod y protestiadau, a bu fy nhad
ar sawl gorymdaith trwy strydoedd Lerpwl, yn nannedd eu
gwrthwynebwyr, ac yn cefnogi Gwynfor Evans wrth iddo
annerch cyfarfod swnllyd o Gyngor y Ddinas, yn pledio achos y
trigolion. Byddaf yn flin iawn wrth y rhai sydd heddiw'n ceisio
ailysgrifennu hanes a rhoi'r argraff fod Plaid Cymru rywsut
wedi bradychu trigolion Tryweryn. Mae'n wir fod rhai yn y
Blaid am fynd 'ymhellach' a mabwysiadu dulliau trais, ond
yden ni wir i fod i gredu y byddai Cymru wedi symud yn gynt
tuag at ryddid pe bai Gwynfor wedi gosod bom yn Nhryweryn

a mynd i garchar yn hytrach nag ennill isetholiad 1966? Pan glywaf y camddehongliad simplistaidd mai methiant y Blaid oedd hanes boddi Tryweryn, byddaf yn meddwl am bobol fel Ifor Owen a Nhad, a chofio'u hymroddiad i'r frwydr, pan oedd y lliaws yn llugoer.

Cafodd Ifor fyw i weld ennill y bleidlais dros ddatganoli yn 1997, ac er ei fod yn hynafgwr 82 oed erbyn hynny, wnaeth hynny mo'i rwystro rhag mynd ar daith yn ei gar trwy'r pentref, yn canu ei gorn yn oriau mân y bore a deffro pwy bynnag oedd yn ddigon difater i geiso cysgu ar y fath fore hanesyddol!

Owain Owain

Un o'r athrawon disgleiriaf a gawsom yn Ysgol Tŷ Tan Domen y Bala yn y 50au oedd Owen Owen (a droswyd yn Owain Owain yn ddiweddarach). Brasgamwr yn ei ugeiniau diweddar, un hoff o'i getyn, a chwip o athro cemeg. Ni wyddem lawer o'i hanes, ond iddo fod yn gweithio yn y diwydiant niwcliar. Mewn gwirionedd, roedd yn wyddonydd niwcliar arloesol, ac yn un o brif wyddonwyr Atomfa Windscale yn 24 oed. Ond wedi'r hyn a brofodd yno, tyfodd yn wrthwynebydd llwyr i'r diwydiant, a heriodd y Ddeddf Cyfrinachau Swyddogol fwy nag unwaith yn ei golofn yn *Y Cymro* yn ddiweddarach wrth ysgrifennu am ei gyfnod yn yr atomfa.

Ac nid y diwydiant niwcliar oedd ei unig darged; roedd Owain yn un o'r cyntaf, yn sicr yn Gymraeg, i weld pwysigrwydd gwarchod yr amgylchedd, a pherygl cynyddol llygredd, yn enwedig llygredd plastigion. Roedd hefyd yn un o'r addysgwyr cyntaf i weld pwysigrwydd y cyfrifiadur, a rhagwelai yn niwedd y 60au y byddai'r cyfrifiadur yn ffynhonnell wybodaeth ddihysbydd yn y dyfodol, ac yn offeryn canolog ym myd addysg, gyda'r athro'n 'dywysydd' a'r disgybl yn ganolbwynt i'r cyfan, yn gwneud ei ymchwil ei hun.

Oherwydd ei flaengaredd fel gwyddonydd, addysgwr ac awdur, Owain oedd y cyntaf i ddefnyddio termau megis 'gwennol ofod', ac wrth iddo dyfu'n fwyfwy gwleidyddol yn ei ymwneud â brwydr yr iaith, ef oedd y cyntaf i lunio map o Gymru yn dangos lefelau siaradwyr Cymraeg, ac i fathu termau fel 'y Fro Gymraeg' a 'gwledydd Prydain'. Ef hefyd oedd sylfaenydd a golygydd cyntaf *Tafod y Ddraig*, ac mae'n siŵr mai Owain, er nad oedd yn ffigwr cyhoeddus ar lwyfannau gwleidyddol, oedd un o'r rhai pennaf i osod seiliau Cymdeithas yr Iaith fel mudiad ymgyrchu effeithiol. Gyda'i feddwl gwyddonol trefnus a'i frwdfrydedd egnïol, gwyddai'n reddfol bwysigrwydd trefnu mudiad yn ofalus, ac ymgyrchu dros bethau syml, ymarferol, megis sieciau Cymraeg. Rhyfedd meddwl iddo ofyn imi, yn dilyn fy arholiad lefel O mewn Cemeg, gan bwyntio'i fys ataf yn herfeiddiol, 'Have you passed?' Roedd hynny cyn ei dröedigaeth, pan oedd gafael y gyfundrefn Saesneg arno o hyd; ond rhyddhaodd ei hun o'i gafael yn fuan wedi hynny.

Rhyfeddod Owain Owain oedd ei fod mor gynhyrchiol mewn cynifer o feysydd, ac yn ystod yr wyth mlynedd rhwng 1969 ac 1977 cyhoeddodd 13 o gyfrolau, yn amrywio o gerddi plant i nofel wyddonias, *Y Dydd Olaf* – nofel y dywedodd Pennar Davies amdani: 'Ni welwyd dim byd tebyg i'r llyfr hwn yn ein hiaith o'r blaen, na dim byd hollol debyg mewn unrhyw iaith. Llawenhewn fod y math yma o ddisgleirdeb yn bosibl yn y Gymraeg', ac a fu'n ysbrydoliaeth i albym o ganeuon gan Gwenno Saunders a enillodd deitl 'Albym y Flwyddyn' yn 2015. Owain oedd pennaeth llawn-amser cyntaf Gwersyll Glan-llyn, a bu'n ddarlithydd ym Mangor ac Aberystwyth cyn gorffen ei yrfa yn Ddirprwy Gyfarwyddwr Addysg yn yr hen Gyngor Gwynedd. Bu farw'n ŵr ifanc 64 oed a'i frwdfrydedd heb ballu dim. Cawr o ddyn.

Beno

FE'I GWELAIS o gyntaf ar gefn tractor anferth yn sgrialu mynd trwy bentref Caeathro; cododd ei het ledr gantel lydan a bloeddio 'S'mai Dafydd!' dros y lle – ei lais mawr i'w glywed yn glir dros sŵn byddarol y tractor. Dyna'r peth cyntaf roeddech chi'n sylwi arno am Richard Merfyn Roberts – ei lais. Ar nos Sadyrnau, fe'i gwelech ym mar Gwesty'r Celt neu le cyffelyb, yn morio canu i ddiddanu rhyw Americanwyr neu'i gilydd. A'r rheini'n dychwelyd i gyfandir y pethau mawr yn tyngu iddyn nhw glywed y llais mwyaf yn y byd!

Twnelwr oedd Beno wrth ei alwedigaeth – wedi dysgu ei grefft ar gynllun trydan dŵr Dinorwig, a mynd â'r grefft honno, fel y gwnaeth cynifer o'i gyfeillion, i Dwnnel y Sianel, i dwnelau Penmaenmawr ac yn ôl i drên tanddaearol Llundain; mawr yw dyled rhwydwaith trafnidiaeth Lloegr i dwnelwyr Cymru. Ond aeth yr holl weithio mewn llwch a'r ysmygu di-baid yn drech nag ysgyfaint Beno, a bu'n rhaid iddo fodloni ar gyflawni mân swyddi mwy lleol am weddill ei yrfa – chwythu ambell graig fan hyn a fan draw, gyrru tractor neu Jac Codi Baw yma ac acw, a gwneud beth bynnag oedd yna i'w wneud am gildwrn go dda. A difyrru ymwelwyr yn nhafarndai Caernarfon.

Roedd Beno'n 'gymeriad' – yn un o'r hil honno sy'n prysur ddiflannu o'r tir yn ôl y ddoethineb arferol, ond sy'n mynnu brigo i'r wyneb o hyd. Roedd ganddo dro ymadrodd arbennig, a chasgliad o ymadroddion lliwgar wedi eu cywain o sgriptiau Ifas y Tryc, *C'mon Midffîld*, Charles Wilias a'r Beibl, yn ogystal â'i ddychymyg creadigol ef ei hun, a dawn ddiamheuol i'w defnyddio i bwrpas. O ganlyniad, roedd sgwrs gyda Beno'n brofiad arbennig – wel, yn groes rhwng sgwrs a gwrando ar berorasiwn, a dweud y gwir – ac yn ddi-ffael, fe'ch gadawai yn wên lydan, i feddwl am ei sylwadau brith a bras.

Daeth gyda ni ar daith rygbi i Iwerddon unwaith, a chriw ohonom yn teithio ar fws i Gaergybi i ddal y cwch, a Beno'n rhyw fath o glown trwy gydol y daith, yn ein cadw i fynd ac i chwerthin ar fws a chwch, ac o dafarn i dafarn yn Nulyn. Ac ar y daith adref, penderfynodd y byddai'n dod â mop oddi ar y cwch fel cofnod o'r trip, ac er i swyddogion y llong a'r tollau ar ddwy lan geisio'u gorau i'w atal, dawnsiodd Beno o'u cwmpas, gan gymryd arno lanhau'r llawr o gwmpas eu traed, a rhwng y miri a'r bloeddio a'r ymgais i fod yn swyddogol ddifrifol, landiodd Beno ar y bws yng Nghaergybi a'r mop yn saff yn ei afael. Ac ar y bws, a'r mop â'i ben i fyny, aeth Beno o gwmpas y seddi yn ein cyflwyno fesul un i'w gariad newydd, ac adrodd yr hanes helbulus a fu rhyngddyn nhw ar yr Ynys Werdd. Cadwodd y sgwrs i fynd yn ddi-daw yr holl ffordd i Gaernarfon, a mawr fu'r ffarwelio – â Beno a'i gariad – ar y Maes.

Un o ddoniau arbennig Beno oedd mabwysiadu ambell ymadrodd fel rhyw fath o lofnod llafar, a'i addasu i bob math o sefyllfaoedd amrywiol. Un ohonyn nhw oedd y dywediad o *Dad's Army*: 'Don't panic!', a Beno yn ddieithriad yn ychwanegu'r odl: 'I'm a mechanic!', gan ei ddefnyddio ar yr achlysuron rhyfeddaf. A thystia'r actor Rhys Richards, oedd yn helpu Beno un diwrnod i lifio coed pan dorrwyd blaenau dau o'i fysedd gan li' gron, mai dyna oedd gwaedd Beno wrth lamu o ben ei dractor i'w ymgeleddu. Un arall o'i hoff ddywediadau oedd: 'Ti'n watsiad gormod o delifision, mêt!', a phan gyrhaeddodd Fryngwna â'i wynt yn ei ddwrn un prynhawn, daeth plismon i mewn rai munudau ar ei ôl a'i rybuddio'n ddifrif-ddwys gerbron ffyddloniaid y bar: 'Ti'n gwbod dy fod yn gneud ffiffti mewn lle thyrti yn dre rŵan?' Rhythodd Beno arno fel petai wedi gweld ysbryd, ei lygaid mawr fel soseri a'i fwstásh yn fargod blewog uwchben ceg agored, ac yn ei lais dyfnaf rhoddodd y plismon yn ei le: 'Dy draffarth di ydi dy fod yn watsiad gormod o delifision, mêt!' A phwy na wadai fod ganddo bwynt?

Glyn Simon

MAE'R SAWL A fu yng ngharchar yn sgil ymgyrchoedd Cymdeithas yr Iaith, neu unrhyw achos arall o gydwybod – ac y mae yna gannoedd ohonom yng Nghymru – yn gorfod bod yn ofalus. Nid oes arnom gywilydd o'r ffaith, ond ar y llaw arall, dyw e ddim yn rhywbeth y dylem frolio amdano'n ormodol, fel pe baem am ein dyrchafu'n hunain dros y rhelyw o Gymry. Mae gormod o hynny'n digwydd eisoes – heb sôn am brofiad carchar – â charfan ar ôl carfan yn honni mai ganddyn nhw y mae'r gwirionedd go iawn. Byddaf yn anobeithio weithiau o weld mor rhwydd yr ydym ni'n ymgarfanu o fewn y mudiad cenedlaethol ehangach, ac yn troi ar ein gilydd yn hytrach nag uno i drechu'r grymoedd gwrth-Gymreig. Mae'r Alban wedi dangos y ffordd i ni o ran sut mae uno dros achos cyffredin, a chladdu'n gwahaniaethau er mwyn cyrraedd y nod o Gymru annibynnol iach, lle gall y Gymraeg gael ei phriod le mewn cymdeithas a fydd o reidrwydd yn amrywiol iawn ei diwylliant. Ond parhau i ymrafael yr ydym ni, a methu gweld yr angen i uno a chrynhoi adnoddau – boed yn wleidyddol, yn ddiwylliannol, ym maes addysg, ym maes crefydd neu ym maes yr economi.

Un rheswm dros lwyddiant cymharol yr ymgyrchoedd iaith yn niwedd y 60au a'r 70au oedd bod arweinyddion o sawl plaid a sawl cylch ehangach na'r mudiad iaith ei hun wedi dangos eu hochr, a dadlau dros yr egwyddor o statws swyddogol i'r Gymraeg, ac ymgyrchoedd penodol. Yn yr ymgyrch weithredu uniongyrchol dros sianel Gymraeg, cofiwn am safiad pwysig Merêd, Ned Thomas a Pennar Davies, a'r rhan allweddol a chwaraeodd Goronwy Daniel, yr Archesgob G O Williams a Cledwyn Hughes, ar yr unfed awr ar ddeg, i newid meddwl Willie Whitelaw a Thatcher. Wrth gwrs, ni fyddai hyn wedi digwydd oni bai am y Gymdeithas, dygnwch ac ymroddiad cwbwl ryfeddol rhai fel Ffred Ffransis ac Angharad Tomos, a bygythiad Gwynfor i ymprydio. Ond roedd cefnogaeth ehangach 'o'r tu allan' yn elfen anhepgor.

Yn fy hanes i, mae yna un enghraifft arbennig o gefnogaeth o'r fath. Fe'm carcharwyd ym mis Ionawr 1970 am beidio â thalu dirwy a gefais ym Metws-y-Coed am beintio arwyddion Saesneg ar ddiwrnod cyntaf yr ymgyrch. Roedd yr ymateb i'r carchariad wedi ei drefnu'n ofalus, a rhywbeth yn digwydd yn ddyddiol, a'r uchafbwynt yn yr Uchel Lys yn Llundain pan garcharwyd 22 o aelodau'r Gymdeithas am dorri ar draws achos enllib gerbron y barnwr Mr Ustus Lawton. Tua'r un adeg, fe glywais gnoc ar ddrws y gell a swyddog yn fy ngorchymyn i'w ganlyn i ystafell y Prif Swyddog. Hanfod y system garchar – a ddaw fawr ddim lles ohoni hyd nes y newidir hyn – yw eich diraddio, rhoi rhif ichi yn hytrach nag enw, a'ch trin fel bod israddol. Ond y tro hwn, synhwyrwn fod rhywbeth yn wahanol yn ymddygiad y sgriw a ddaeth i'm hebrwng; bron na ddywedwn ei fod yn gwrtais!

Pan gyrhaeddais ystafell y Pennaeth, cefais fy nghyfarch ganddo'n garedig, gyda gwên, ac fe wyddwn fod rhywbeth mawr ar droed. Roedd y rheswm yn amlwg: yn yr ystafell hefyd roedd gŵr bychan gwargam mewn coler gron a chrys porffor, ac fe'i cyflwynwyd imi'n ffurfiol: 'The Archbishop is here to see you, Mr Jones' (doedd graslonrwydd y Prif Swyddog ddim eto wedi ymestyn cyn belled â rhoi imi fy enw cywir) 'so I will leave you two together for ten minutes.' Roedd hyn yn gwbwl groes i'r arfer, sef cael defnydd ystafell y Pennaeth i gwrdd ag ymwelydd heb neb arall yno, ac roedd yr holl brofiad braidd yn swreal i rywun oedd newydd ddygymod â threfn annynol y carchar.

Wedi i'r Archesgob Glyn Simon ymddiheuro am ei Gymraeg carbwl (chafodd fy nhad ddim caniatâd i siarad Cymraeg â mi pan ddaeth ef i'm gweld, rhag iddo basio negeseuon cudd mae'n debyg, ond gweinidog gyda'r Annibynwyr oedd o, nid Archesgob yn yr Eglwys), byrdwn ei neges oedd bod nifer o ynadon wedi cytuno i gyfrannu tuag at dalu gweddill fy nirwy er mwyn fy rhyddhau, ac er mwyn dangos eu cefnogaeth i nod yr ymgyrch. Eglurodd fod Mr E D Jones, y cyn-Lyfrgellydd Cenedlaethol, wedi anfon at 40 o ynadon heddwch yn gofyn iddyn nhw gyfrannu, rhag lledu'r gagendor rhwng yr hen a'r ifanc dros fater y Gymraeg. Cytunodd 21 ohonyn nhw, er gwaetha'r ffaith y gallai hynny olygu eu bod yn torri'r gyfraith a chael eu gwahardd rhag parhau fel ynadon. A chytunodd yr Archesgob i fod yn lladmerydd ar eu rhan i ofyn a fyddwn i'n cytuno iddyn nhw wneud y taliad i'm rhyddhau.

Roedd Glyn Simon yn ŵr arbennig iawn, yn ddyn gwylaidd a dymunol, a'i gefnogaeth i'r ymgyrch dros y Gymraeg yn amlwg a digymrodedd. Deallai hefyd fod fy ngharchariad wedi llwyddo i godi proffil yr ymgyrch, ac i ddwyn y ddadl dros statws y Gymraeg i sylw carfan eang iawn o'r cyhoedd, yng Nghymru a thu hwnt. Deallai felly y byddai derbyn cynnig yr ynadon yn arafu peth ar yr ymateb i'r carchariad, ond pwysleisiodd ar yr un pryd fod cynnig yr ynadon yn hanesyddol ac arwyddocaol iawn, a chredai y byddai hynny ynddo'i hun yn hwb mawr i achos yr iaith. Diolchais iddo am ei gefnogaeth, ac am ddod i'm gweld mewn amgylchiadau o'r fath, a hyd heddiw rwy'n rhyfeddu i un yn ei sefyllfa fod mor ddewr.

Roedd hi'n ddilema go iawn imi, ond penderfynu derbyn cynnig yr ynadon wnes i yn y diwedd, ac achosodd hynny gryn storm yn y cylchoedd cyfreithiol, gan arwain at ymweliad yr Arglwydd Hailsham i Fangor yn fuan wedyn, i geisio disgyblu ei lu o ynadon terfysglyd.

Mawr glod i'r Archesgob Glyn Simon, a fu farw yn 1972, am ei ran yn y frwydr dros y Gymraeg, fel ag y gwnaeth dros ddiarfogi niwcliar, achos rhyfel Fietnam a thrychineb Aberfan.

Wmffra Roberts

DIM OND 43 oed oedd Wmffra'n marw, gwta ddwy flynedd ar ôl i Dafydd Wigley ennill sedd Sir Gaernarfon i Blaid Cymru am y tro cyntaf, ond gellir dweud iddo gyflawni gwaith mawr ei fywyd ar y Dydd Gŵyl Ddewi hanesyddol hwnnw yn 1974. Roedd Wmffra'n ŵr a thad a dyn busnes llwyddiannus, ond nod canolog ei fywyd oedd ennill Arfon i'r Blaid a Chymru. Pan glywodd fod Dafydd yn awyddus i sefyll yn sedd Sir Gaernarfon, gwnaeth Wmffra bopeth o fewn ei allu i wneud yn siŵr mai ef fyddai ymgeisydd Plaid Cymru yn 1974. Ac wedi ei fachu, fe aeth ati i gynllunio'r fuddugoliaeth yn fanwl ofalus, fel y dyn busnes hirben ag ydoedd.

Mae cyfraniad pobol â phen busnes yn allweddol i lwyddiant unrhyw blaid wleidyddol, ac y mae'n hawdd anghofio hynny, yn enwedig yn achos plaid oedd yn fudiad cenedlaethol, diwylliannol a chymdeithasol fel Plaid Cymru. Yn wir, gellir dweud mai gwendid a chryfder y Blaid cyn y 70au oedd ei bod yn fwy o fudiad diwylliannol nag o blaid wleidyddol. Ond er mor danbaid oedd cenedlaetholdeb Wmffra Roberts, gwyddai'n reddfol na ddôi llwyddiant etholiadol heb drefn, disgyblaeth a chynllunio manwl.

Roedd ymgeisydd fel Dafydd yn help, wrth reswm, ond casglodd Wmffra dîm o bobol o'i gwmpas ag amrywiaeth o sgiliau i'w cyfrannu at yr ymgyrch – gohebyddion ac ysgrifenwyr taflenni, canfaswyr a siaradwyr cyhoeddus, cyfansoddwyr caneuon a gyrwyr ceir gwirfoddol a pharod. Daeth y cyn-Dori byrlymus Brian Morgan Edwards â stôr o syniadau newydd ar sut i ymgyrchu'n hwyliog a lliwgar – posteri a sticeri *day-glo*, hetiau a balŵns, cyrn siarad effeithiol a digon o syniadau am sut i ddylunio taflenni a phosteri.

Cyfansoddwyd caneuon i'w defnyddio ar y cyrn siarad ('Wigley, Wigley', ein haddasiad o'r gân 'Milgi, Milgi' oedd yr enwocaf, mae'n debyg), a chasglwyd llu eithaf disgybledig o ganfaswyr a dosbarthwyr lleol ynghyd am y tro cyntaf yn enw'r Blaid mewn etholiad cyffredinol. Ond annigonol fyddai hanes y cyfan heb gyfarwyddyd sicr a threfn gadarn Wmffra.

Un o'r werin oedd Wmffra – a doedd wiw i neb anghofio hynny! Roedd ganddo dymer wyllt pan gâi ei gyffroi, ac fe gaech brawf o hynny pe meiddiai unrhyw un awgrymu ei fod yn unrhyw beth ond gwerinwr. Un o 'hogia Dyffryn Nantlla' oedd Wmffra, a dyna oedd yn ei yrru fel cenedlaetholwr. Gwyddai am bob twll a chornel o'r etholaeth, ac fe wyddai sut roedd apelio at ben ac at galon y bobol; hanai o gadarnle Llafur, ond gwyddai Wmffra, unwaith y byddai'r llanw'n troi, y byddai cefnogwyr yr hen Blaid Lafur yn troi at blaid newydd y werin, Plaid Cymru. Fe wyddai na fyddai'n hawdd, ond credai hynny â'i holl enaid. Ac fe wyddai na fyddai'r llanw'n troi heb ymroddiad a gwaith caled. Ac wrth ddewis ei weithwyr – ac wrth wrthod ambell un, yn dawel bach – mynnai ei fod yn cael y gorau ohonyn nhw.

Wedi'r fuddugoliaeth, buan y trawyd Wmffra â chlefyd y galon, a dirywio'n raddol a wnaeth ei iechyd yn ystod y ddwy flynedd ddilynol. Y tro olaf imi ei weld, eisteddai ar wal hen Ysbyty Bryn Seiont, yn ceisio manteisio ar heulwen diwedd haf 1975, a chawsom sgwrs hir am Gymru, yr iaith a'r dyfodol. Gwyddai iddo chwarae rhan fechan allweddol yn y frwydr, ond yr oedd ei sgwrs yn llawn hiraeth am y dyfodol nad oedd am gael byw i'w brofi.

Tom Jones

TJ OEDD SYLFAENYDD ac arweinydd Côr Godre'r Aran, ac roedd yn flaenor yn yr Hen Gapel, Llanuwchllyn, lle bu Nhad yn weinidog. Cefais innau'r profiad o fod yn aelod o barti cerdd dant ar gyfer Eisteddfod yr Urdd dan ei hyfforddiant, ac yr oedd arddull TJ wrth hyfforddi'n gwbwl nodweddiadol ohono: yn rymus, digwafers a chadarn-effeithiol. Doedd dim byd cynnil yn arddull Tom Jones; roedd yn gwybod i lle'r oedd am fynd a doedd dim na neb yn mynd i'w rwystro. Dyna, mae'n debyg, yw cyfrinach llwyddiant y côr hyd heddiw, gan fod Eirian Owen wedi ychwanegu cynildeb artistig at ddoniau criw o gantorion ardderchog a ddysgodd yr hanfodion gan TJ. A chraidd yr hanfodion hynny yw canu'r geiriau'n ystyrlon, o'r galon.

Bu Tom Jones yn gyfrifol am sawl cynllun cydweithredol arloesol yn ymwneud â byd amaeth, yn arbennig felly cwmni arwerthwyr Farmers Marts, ond troi at y sector breifat a wnaeth Tom yn ystod rhan olaf ei fywyd, gan sefydlu Tom Parry fel arwerthwyr stadau llwyddiannus. Roedd hefyd yn un o'r rhai oedd yn bennaf cyfrifol am brynu ffermydd Stad Glan-llyn yn ôl oddi wrth y Goron yn y 60au, â chymorth Ifor Owen fel Ysgrifennydd gweithgar, ac yn sicr yr oedd y weithred honno'n un o'i gymwynasau mwyaf i fro ei febyd. Roedd yn gynghorydd blaenllaw ar Gyngor Sir Gwynedd o ganol y 70au, ac nid gormodiaith yw dweud mai ef oedd yr echel yr oedd y Cyngor yn troi o'i chwmpas. Cofiaf un o gyn-Brif Weithredwyr y Cyngor yn dweud iddo fynd i gynhadledd gyda TJ i drafod cyllid awdurdodau lleol yn Llundain un tro. Derbyniodd rybudd i baratoi cyllidebau manwl erbyn trannoeth, a byddai TJ yn ymuno ag ef ar y trên yn Crewe. Bu'r swyddog druan ar ei draed

trwy'r nos yn cael y papurau'n barod, a phan ddangosodd nhw i
TJ ar y trên, roedd hwnnw wedi gweld gwall yn y ffigyrau bron
cyn iddo eistedd. 'Welais i neb yn medru darllen mantolen fel
TJ,' meddai, hanner ffordd rhwng edmygedd ac ofn.

Roedd TJ'n gadeirydd wrth reddf, a doedd e ddim yn goddef
malu awyr. Roedd yn Gadeirydd Pwyllgor Gwaith y Blaid am
gyfnod (er na fu erioed yn Gynghorydd yn enw'r Blaid), ac yn
Gadeirydd ar Gomisiwn yn edrych ar ddyfodol yr Eisteddfod
Genedlaethol yn y 70au. Roeddwn i'n aelod o'r Comisiwn
hwnnw, yn cynrychioli'r to ifanc fel petai, ac anghofia i byth ei
ddull awdurdodol, ond hollol deg, o gadeirio. Unwaith yn unig
roedd pawb yn cael siarad ar bob pwnc, ac roedd disgwyl ichi
wneud eich gwaith cartref o flaen llaw, fel eich bod yn gwybod
beth i'w ddweud. Cofiaf yn dda i Frank Price Jones geisio cael
ail gyfle unwaith: 'Na!' gwaeddodd Tom. 'Ti 'di cael dy gyfle!
Nesa!'

Tri gair o gyngor rwy'n cofio eu derbyn ganddo. 'Os wyt ti'n
cadeirio, gofala dy fod ti'n cytuno gyda dy Ysgrifennydd o flaen
llaw beth wyt ti am gael allan o'r cyfarfod'; 'Paid byth â gwneud
dim am ddim; fyddi di ddim uwch dy barch'; ac ar fater yr
arwyddion: 'Dyna fo, Dafydd, dech chi wedi gneud eich pwynt;
rhowch y gore iddi rŵan.' Alla i ddim dweud â'm llaw ar fy
nghalon imi wrando ar yr un o'r cynghorion hynny!

Ond rôl TJ yn hanes Tryweryn sy'n dweud y cyfan amdano
efallai. Fe ddywedodd wrth Dafydd Êl unwaith mewn cyfweliad
teledu: 'Mae gwerth i bopeth, ond mae pris ar rai pethe', ac
yr oedd hynny'n crynhoi agwedd TJ. Fel y mwyafrif o bobol
Penllyn, roedd Tom yn gwrthwynebu boddi Cwm Celyn, a bu'n
siarad yn huawdl mewn sawl cyfarfod protest, ond fel yr âi'r
amser heibio, ac yntau'n gweld nad oedd modd achub y cwm,
teimlai mai ei swydd ef oedd sicrhau'r pris gorau i'r trigolion
am eu tai a'u tiroedd. I'r gwrthwyneb y digwyddodd pethau
yng Nghwm Gwendraeth – yno aeth y ffermwyr gyda'i gilydd
fel un gŵr at yr arwerthwyr a dweud: 'Os clywn ni eich bod yn
dechrau trafod prisiau gyda Chyngor Abertawe, ddaw yr un
anifail gan yr un ohonom ni yn agos i'ch mart chi byth eto.'

Defnyddiwyd grym marchnad y ffermwyr fel arf effeithiol i roi stop ar unrhyw drafod ar brisio neu werthu tir. Ac enillwyd y dydd. Yn Nhryweryn, lle'r oedd y ffermydd yn llai, a hyder y tyddynwyr yn wannach, cafodd TJ'r pris gorau a allai i'r trigolion, ac fe foddwyd y cwm. Cofiwn Dryweryn ar bob cyfri, ond dysgwn oddi wrth Gwm Gwendraeth.

Tom Jones, rhyferthwy o ddyn a wnaeth gyfraniad mawr i lywodraeth leol, i'w fro, i'r Eisteddfod ac i ddiwylliant Cymru. Ond doedd dim byd yn mynd i'w rwystro rhag taro bargen os oedd raid. Wedi bod yn Llydaw yn edrych ar bafiliwn newydd i'r Eisteddfod yr oedd pan fu mewn damwain a'i lladdodd wrth iddo yrru gefn drymedd nos ar yr A470; bu farw fel y bu byw, ar ruthr wyllt, a chollodd Cymru un o'i gweision mwyaf gweithredol ac ymarferol.

Brian Owen

Does gen i ddim llawer i'w ddweud wrth gystadlaethau adrodd mewn eisteddfodau, ac nid yw newid yr enw i 'lefaru' wedi fy argyhoeddi chwaith. Ac y mae cydadrodd yn sicr yn mynd â'r peth yn rhy bell. Ond fel sy'n wir am sawl crefft arall, pan welwch chi rywun yn ei wneud yn dda, mae'n gallu argyhoeddi, ac un o'r bobol hynny oedd yn ei medru hi oedd Brian Owen. Pan oedd Brian a Stewart Jones yn mynd o 'steddfod i 'steddfod, roedd yna gryn edrych ymlaen i'w clywed, a'r ddau'n cipio'r gwobrau wrth danio'r cynulleidfaoedd gyda'u lleisiau mawr a'u hwynebau dramatig. A chlywais Brian yn tystio bod y naill yn mynd o flaen y llall i'r 'steddfod nesaf, pan oedd mwy nag un yr un dydd, i wneud yn siŵr bod y gystadleuaeth yn aros ar agor hyd nes y cyrhaeddai'r ail. Yna, byddai'r ddau'n rhannu enillion y dydd yn gyfartal rhyngddyn nhw yn oriau mân y bore.

Ond y gwir yw fod Brian a Stewart fel ei gilydd yn fwy nag 'adroddwyr'; roedden nhw'n gwerthfawrogi barddoniaeth, yn caru sain geiriau, ac yn deall beth oedd gan y bardd, neu'r llenor, i'w ddweud. Roedden nhw'n adrodd â'u lleisiau, ac yn llefaru â'u heneidiau.

Brian oedd yr un a adwaenwn orau, a daethom yn gryn ffrindiau yn negawdau olaf ei fywyd. Roedd yn aelod o deulu niferus a dawnus o'r Groeslon, ac yn grefftwr o friciwr wrth ei alwedigaeth. Sylwodd John Gwilym Jones ar ei ddawn gyda geiriau yn ifanc, ac fe'i cymerodd dan ei adain i'w drwytho yn y Pethe. Honnai John Gwilym na welodd neb erioed â chof fel un Brian, a chaem ni ei ffrindiau weld tystiolaeth o hynny yn aml. Nid taflu rhyw englyn neu bennill er mwyn sioe a wnâi Brian, ond dewis yr union linellau i weddu i'r achlysur, a gallai

ddyfynnu'n ddidrafferth o'r llyfr emynau a'r Beibl, o gywyddau Beirdd yr Uchelwyr neu o awdlau diweddar, ac yr oedd ganddo stôr ddihysbydd o englynion ar ei gof. Ac ynghanol y darnau dwys, doedd y chwerthin fyth ymhell, a gallai daflu ambell berl o englyn digri i'r pair os teimlai fod yr awyrgylch yn trymhau a'r cwmni'n dechrau diflasu.

Roedd galw gyda Brian a Meinir yn Nhy'n Rhos yn donic, straeon Brian bob amser yn ddifyr a'i farn bob amser yn bendant. Roedd yn dynnwr coes heb ei ail, ac anodd fydd anghofio'r diwrnod yr agorwyd ffordd osgoi Dyffryn Nantlle. Roedd Meinir erbyn hynny'n Gadeirydd y Cyngor Sir, yn gwisgo'i chadwyn wrth deithio yn y car swyddogol i agor y lôn newydd, a phwy a safai ar y gylchfan wrth waith llechi Inigo Jones yn disgwyl yr orymdaith ond ei gŵr, a chadwyn fawr o gwmpas gwddw'r ci!

Wedi rhoi'r gorau i'r cystadlu (ar ôl casglu pob prif wobr oedd ar gael nes gorfodi newid yn y rheolau i'w wahardd), bu'n ymddangos mewn cyngherddau a nosweithiau llawen am gyfnod, ond doedd hynny ddim wrth ei fodd, a chanolbwyntiodd ar ddarllen a garddio hyd nes y pallodd ei olwg. Meinir oedd ei lygaid wedi hynny, a darllenai hithau bapurau'r dydd a llyfrau iddo'n gyson. Parhaodd i arddio, ac i feithrin ei hoff lwyni a choed, ymhell i gyfnod ei ddallineb, a chadwodd ei gof toreithiog i'w gynnal hyd y diwedd.

Mae'n hawdd rhamantu wrth sôn am lowyr a chwarelwyr diwylliedig y gorffennol, ond yr oedden nhw'n bod, ymysg y lliaws oedd yn canlyn ceffylau, bocsio a phêl-droed wrth gwrs – pawb at ei ddiwylliant ei hun. Ond roedd Brian Owen o'r Groeslon yn grefftwr gyda brics oedd yn deall barddoniaeth cystal â'r un doethur academaidd. Ac yn ei funudau effro olaf, wrth gwffio rhag disgyn i'w gwsg terfynol er mwyn profi pob eiliad oedd ar ôl iddo, dyfynnodd englyn o waith Derwyn Jones mewn llais clir i Meinir:

A ŵyr gyflymder oriau – a ŵyr werth
    Parhad y munudau;
  Fe ŵyr hwn, hefyd, fawrhau
  Y goludog eiliadau.

Cledwyn Hughes

MAE'N RHAID WRTH bleidiau gwleidyddol mewn democratiaeth, gan mai pawb drosto'i hun fyddai unrhyw drefn arall. Ond bob hyn a hyn, mae rhywun yn teimlo y byddai'n braf anghofio'r pleidiau a gweithio gyda'n gilydd i gael ambell i faen pwysicach na'i gilydd i'r wal. Ar un ystyr, dyna sy'n digwydd y dyddiau hyn yn yr Alban; mae'r bobol wedi sylweddoli mai trwy anfon un neges unol i Lundain a'r byd y cân' nhw wireddu eu dymuniad i sefydlu'r Alban newydd. Ac felly mae trwch y boblogaeth wedi anghofio'u gwahaniaethau, a defnyddio'r SNP fel cerbyd i fynegi eu llais cenedlaethol.

Sawl gwaith y teimlais yn ystod y blynyddoedd diwethaf dramatig hyn y byddai'n dda pe gallai hyn ddigwydd yng Nghymru. Yn wir, mae llywodraeth glymblaid yn gallu bod yn gam i'r cyfeiriad iawn, a does dim dwywaith mai'r llywodraeth fwyaf effeithiol a gawsom yng Nghymru ers sefydlu'r Cynulliad oedd Llywodraeth Cymru'n Un, pan gafwyd rhaglen ar y cyd rhwng y Blaid Lafur a Phlaid Cymru, a hynny'n arwain at gyflawni sawl peth allweddol, megis sefydlu'r Coleg Cymraeg Cenedlaethol, y Ddeddf Iaith a'r Comisiynydd, gwelliannau i'r ffordd De-Gogledd a gosod sylfeini ar gyfer pwerau deddfu i Lywodraeth Cymru.

Yn sicr ddigon, roedd calon Cledwyn Hughes yn curo dros yr iaith Gymraeg, a thros Senedd i Gymru, ond roedd ei blaid yn sefyll rhyngddo a'r hyn oedd yn ei galon, ac o ganlyniad roedd yn gocyn hitio gennym ni yng Nghymdeithas yr Iaith yn ystod ei gyfnod fel Ysgrifennydd Gwladol. Sefais yn ei erbyn ddwywaith yn Sir Fôn yn ystod 1974, a gwyddwn erbyn yr ail etholiad nad oedd dichon curo Cledwyn ar ei dir ei hun gan gymaint oedd cariad ei gyd-ynyswyr tuag ato. Ac eto, roedd rhywun yn gallu synhwyro bod mwyafrif trigolion yr ynys yn barod i symud tuag at ymreolaeth, a Cledwyn ei hun yn barod i fynd lawer ymhellach nag yr oedd ei blaid am fynd yr adeg honno.

A'r bwgan mawr i bobol fel Cledwyn – er na feiddiai ddweud hynny, wrth gwrs – oedd bod yna bobol hollol wrth-Gymreig (o ran yr iaith ac ymreolaeth) ymysg arweinwyr ei blaid ei hun, a'r pennaf yn eu mysg oedd George Thomas. Cefais brawf o deimladau Cledwyn tuag at y pwdryn hwnnw rai blynyddoedd wedi iddo beidio â bod yn Aelod Seneddol. Roeddwn ar fy ffordd i gymryd rhan mewn rhaglen radio ym Mryn Meirion, Bangor, pan gwrddais â Cledwyn wrth y drws. Fe'm cyfarchodd yn llawen iawn, ac yna aeth i'w boced i estyn darn bregus o bapur, ac arno soned yr oedd Cledwyn ei hun wedi ei chyfansoddi i George; rwy'n difaru fy enaid na ofynnais am gopi – er na fyddai Cledwyn wedi ei gollwng o'i afael efallai, gan nad oedd yn garedig tuag at y Feicownt o'r Rhondda, a dweud y lleiaf. Tybed ydi'r soned honno ar gael yn rhywle o hyd? Byddai'n werth ei fframio, a'i gosod uwchben mynedfa'r Senedd yn y Bae.

Phil Williams

Mi ganwn gyda'r sêr i wyryf y lloer;
ond dyn ydwyf.
Mi chwarddwn gyda'r gwanwyn, a sibrwd wrth y môr;
ond yr wyf yr hyn ydwyf.
Mi redwn gyda'r storm, a dawnsio gyda'r dail;
ond gyda Natur mae dyn yn wan.
Mi feddyliwn fel y nefoedd, a chwmpasu'r byd;
ond er ceisio, rwy'n methu.

Eto gallaf fyw a chwerthin fel dyn,
yn hapus am fy mod; oherwydd rwy'n fwy na'r ddaear i gyd;
bu farw saer coed – drosof fi!

Argraffwyd y gerdd hon yn Saesneg ar daflen angladd Phil
Williams; cerdd yw hi a gyfansoddwyd ganddo pan oedd yn llanc
15 oed ym Margoed, a mentrais ei throsi i'r Gymraeg. Cwrddais
â Phil am y tro cyntaf yn Ysgol Haf y Blaid yn Llangollen yn
gynnar yn y 60au; myfyriwr ymchwil yng Nghaergrawnt
ydoedd ar y pryd, yn ŵr ifanc swil iawn, wedi'i wisgo'n flêr
yn ôl ffasiwn y dydd, heb fawr ddim Cymraeg. Roedd Noson
Lawen anffurfiol ar droed yn hwyr y nos, a phawb yn cynnig
pwt o gân, cerdd neu jôc; ymlwybrodd Phil at y piano a chynnig
chwarae os oedd rhywun yn fodlon rhoi sigarét iddo. Fe gafodd
sigarét, a syfrdanwyd pawb gan ei berfformiad ar y piano yn y
dull *jazz*.

Dros y blynyddoedd, tyfodd Phil yn un o'r bobol brin hynny
yr oedd pawb ohonom yn y Blaid yn edrych ymlaen at ei
glywed yn annerch mewn Cyngor, cynhadledd neu rali. Roedd
ganddo rywbeth gwerth ei ddweud bob amser, a hwnnw wedi ei
ymchwilio a'i baratoi'n drwyadl, a'i fynegi ag angerdd a hiwmor.

Phil Williams ar ben Rheilffordd y Graig gydag Aberystwyth yn y cefndir.

Yn Saesneg y siaradai i ddechrau, ond erbyn ei flynyddoedd olaf roedd yn medru annerch yn rhwydd yn Gymraeg, er bod ei swildod cynhenid yn dal i fod yn llyffethair iddo.

Roedd ei farn fel cenedlaetholwr bob amser yn glir a phendant, ac yr oedd yn gyson bleidiol i'r cysyniad o annibyniaeth, heb fawr o fynedd gyda'r gwahanol ffurfiau mwy niwlog a ddefnyddiwyd gan y Blaid o bryd i'w gilydd i ddisgrifio'i nod. Ond ar bynciau lle'r amlygai ei wybodaeth wyddonol y disgleiriai fel siaradwr, yn arbennig felly wrth ymwneud â'r amgylchedd a bygythiad newid hinsawdd. Cofiaf iddo ddod yn ôl o gynhadledd ryngwladol o wyddonwyr amlycaf y byd yn y maes (ac yr oedd ef yn un ohonyn nhw) a dweud wrthyf na welodd erioed gasgliad o wyddonwyr wedi dychryn cymaint wrth ddisgrifio effeithiau'r bygythiad ar bobol y byd. A hynny, mae'n debyg, oedd y rheswm pam y pylodd ei wrthwynebiad i ynni niwcliar ym mlynyddoedd olaf ei fywyd.

I Phil Williams yn anad neb y mae'r diolch bod y Cynulliad Cenedlaethol wedi mabwysiadu polisi mor gryf ar yr amgylchedd, a'r angen i gynyddu ailgylchu gwastraff a lleihau allyriadau carbon. Mae ei gasgliad o areithiau i'r Cynulliad ar y materion hyn, a phynciau eraill, yn tystio i drylwyredd a disgleirdeb ei waith. Roedd cael bod yn aelod o'r Cynulliad cyntaf yn goron ar ei fywyd fel gwleidydd, ac y mae'r stori am y modd y clywodd iddo gael ei ethol yn nodweddiadol ohono. Roedd wedi methu dod i'r neuadd lle cynhelid y cyfrif mewn pryd oherwydd galwadau gwaith, a phan gyrhaeddodd ymhen hir a hwyr roedd y lle'n wag, a dim ond y gofalwr ar ôl yn sgubo'r llawr. Wedi ei holi beth ddigwyddodd, y cyfan ddywedodd y gofalwr oedd: 'There was this professor chap who was elected, but he hadn't bothered to turn up!'

Saunders Lewis

RWY'N MEDDWL MAI yn ystod wythnos Eisteddfod Genedlaethol y Drenewydd yn 1965 y traddododd Saunders ei ddarlith enwog am Ann Griffiths, ac yr oeddwn i'n digwydd bod yn y gynulleidfa. A dyna'r tro cyntaf imi sylweddoli o ddifri'r parch rhyfeddol oedd yn bodoli tuag at y dyn. Roedd yr awyrgylch yn y capel gorlawn yn drydanol wrth ddisgwyl amdano, a'r gwrandawiad a'r ymateb yn ysgubol.

Mae'n debyg bod yna ddau brif reswm dros y gafael oedd gan Saunders Lewis ar ei gyd-Gymry: yn gyntaf, wrth gwrs, roedd ehangder ei ysgolheictod a'i wybodaeth yn ennyn parch ac edmygedd, hyd yn oed os nad oeddech yn cytuno â'i ddaliadau bob tro. Ond yr ail reswm, heb os, oedd iddo neilltuo oddi wrth y cyhoedd, a chadw'i ymddangosiadau cyhoeddus yn bethau prin, wedi eu dethol a'u trefnu'n ofalus iawn.

Yn betrus iawn, felly, y penderfynais godi'r ffôn pan oeddwn yn byw yn yr un dref ag e yn 1969. Roeddwn yn Gadeirydd ar Gymdeithas yr Iaith erbyn hynny, ac wedi cael fflat yn nhŷ fy modryb Enid a'i gŵr, y gweriniaethwr a'r heddychwr a'r bardd Ithel Davies, ym Mhenarth. Y sioc gyntaf a gefais wrth ffonio oedd clywed y gŵr mawr yn dweud ei rif ffôn mewn Saesneg coeth, a siom wedyn wrth iddo nodi sawl rheswm pam nad oedd yn bosib inni gwrdd ar y pryd. Ond roedd rhyw awgrym yn ei lais y dylwn roi cynnig arall arni'n nes ymlaen, ac fe wnes hynny, a'r tro hwn trefnwyd dyddiad ac awr i gyfarfod yn ei gartref.

Wrth gerdded yr ychydig bellter rhwng Plymouth Road a Westbourne Road ar yr awr benodedig, teimlwn yn ddigon ofnus a phetrusgar. Ofn am na wyddwn beth i'w ddisgwyl, ofn am nad oeddwn yn siŵr beth i'w ddweud, a pharchedig ofn

o'r gŵr mawr ei hun. Erbyn imi gyrraedd ei dŷ a cherdded ar
hyd y llwybr at y drws, roedd fy nghalon yn curo fel gordd,
ac roeddwn i'n dal i ymarfer fy nghyfarchiad pan neidiodd
rhywun o'r tu ôl i berth uchel a dweud: 'Dafydd Iwan, yntê?'
mewn llais main, ac estyn ei law. Roeddwn wedi dychryn, ond
o leiaf doedd dim rhaid meddwl mwy am gyfarchiad gan i'r
gŵr bychan fy arwain i'r tŷ cyn imi gael cyfle i ddweud yr un
gair.

Yn fy niniweidrwydd, roeddwn wedi disgwyl cael llwyth o gynghorion ynglŷn ag ymgyrchoedd y Gymdeithas, ar beth y dylem ganolbwyntio, a beth ddylai'r camau nesaf fod, ond y cyfan a ddywedodd oedd: 'Pwy ydw i i roi cyngor i chi? Chi ŵyr orau, chi sydd yn ei chanol hi.' Ac aeth ymlaen i fynegi pryder mawr oherwydd ffyrnigrwydd rhai o'r protestiadau torfol. Roedd wedi clywed adroddiadau am heddlu'n trin merched y Gymdeithas yn bur frwnt (roedd Mair ei ferch yn selog iawn ei phresenoldeb yn ein protestiadau, hi ac Eldra Jarman, priod yr Athro A O H Jarman), ac yr oedd yn poeni'n fawr y gallai pethau fynd o ddrwg i waeth. Rhaid cyfaddef nad hyn yr oeddwn wedi'i ddisgwyl ganddo, ond dangosai fod gan Saunders Lewis ochr feddal a dynol, a bod y ddelwedd Seisnig-gyfryngol ohono fel eithafwr peryglus ymhell iawn o'r gwir.

Gofynnodd imi a garwn lasaid o win; doeddwn i ddim yn hoffi gwrthod, er mai ychydig iawn o win yr oeddwn wedi ei flasu yr adeg honno, a diolchais yn llaes, am y gwyddwn ei fod yn dipyn o arbenigwr. Eglurodd yn fanwl pa fath o win ydoedd, a'i ddyddiad, gan ei ganmol yn fawr, ac fe wnes i fy ngorau i edrych fel tasen i'n llwyr werthfawrogi'r fraint. Ac wedi gorffen y gwydraid, amlygodd fod fy amser ar ben, ond cyn ymadael cyflwynodd imi rywbeth yr ystyriaf yn un o fy nhrysorau pennaf. Print o un o weithiau caligraffig y bardd-artist David Jones, ac yntau wedi llunio'r geiriau 'ANTE LUCIFERUM GENUI TE' arno, a'i gyflwyno ar y cefn i SL, gyda'r geiriau 'i Saunders gyda chofion cu oddi wrth Ddafydd'. Tynnodd Saunders y caead oddi ar ei ffownten-pen yn ddefosiynol ac ysgrifennu o dan gyflwyniad David Jones: 'ac i Ddafydd Iwan, Saunders Lewis, 16 Mehefin '69'. Trysor yn wir.

Y tro olaf imi ei weld yr oedd ar wely ei gystudd olaf yn Ysbyty'r Santes Gwenffrwd yng Nghaerdydd, gydag aelodau'r teulu, ac yn fuan wedyn ym mis Medi 1985 cefais y fraint arbennig o gludo'r arch yn ei angladd. Pan fydd gennym senedd-dy go iawn yng Nghaerdydd, rwy'n mawr obeithio y bydd lle ynddo i gofio pobol brin fel Saunders Lewis, a roddodd fri ar ein Cymreictod, ac achos inni frwydro drosto.

John Gwilym

DAETH JOHN GWIL i'r Gymdeithas Lenyddol yn yr Ysgoldy, Llanuwchllyn yn niwedd y 50au, a dyna'r tro cyntaf imi brofi'r arian byw hwn o ddyn. Trafod barddoniaeth Williams Parry yr oedd, a gwneud hynny ag afiaith a hwyl a gwreiddioldeb a wnaeth argraff fawr arna i. Roeddwn erbyn hynny wedi penderfynu astudio pensaernïaeth, gyda blwyddyn yn Aberystwyth fel rhyw fath o ragarweiniad. Wedi clywed John Gwil wrthi, roeddwn yn difaru fy enaid nad i Fangor yr awn i astudio Cymraeg.

Wedi hynny, ysbeidiol fu ein cyfarfyddiadau, ond doedd dim amheuaeth am gefnogaeth John Gwil i ymgyrchoedd cynnar Cymdeithas yr Iaith. Dangosai ei gefnogaeth yn gyhoeddus agored heb falio dim am neb, ac yr oeddem ni'r milwyr troed yn gwerthfawrogi pob arwydd o gefnogaeth gan bobol fel ef. Ym Mangor, roeddem yn ffodus bod nifer o ddarlithwyr oedd yn barod i ddangos eu hochr, megis Dafydd Orwig, Owain Owain, Bedwyr Lewis Jones, Bruce Griffiths, Gwyn Thomas ac eraill. Cofiaf unwaith i achos mawr gael ei gynnal yn llys barn Caerdydd, a daeth John Gwil yno o Fangor gyda llond bws o fyfyrwyr i ddangos ei gefnogaeth. A phob tro y byddem yn cyfarfod, roedd bob amser yn llawn afiaith, yn barod iawn ei sgwrs, a'i fynych annwyl 'boi bach' yn cynhesu'r berthynas rhyngom.

Ac wrth ddarllen campwaith Derec Llwyd Morgan ar fywyd Thomas Parry, *Y Brenhinbren*, mae rhywun yn synhwyro bod cryn dipyn o ôl dylanwad John Gwilym ar ei gyfaill a'i gyd-ddisgybl yn Ysgol Penfforddelen y Groeslon. Yn 1971, sefydlwyd Cymdeithas Tai Gwynedd, ac un o'r adeiladau a brynwyd gennym i'w addasu'n wyth o unedau byw oedd yr

Llun: Gerallt Llewelyn

ysgol honno lle bu'r ddau'n ddisgyblion. Yn wir, roedd hynny'n rhan o'r rheswm pam yr oeddem mor awyddus i addasu'r adeilad, a'i gadw rhag cael ei ddymchwel. Roedd Tom Parry'n

151

Bennaeth Coleg Aberystwyth pan ddaeth Carlo yno'n fyfyriwr, a bu cryn brotestio o ganlyniad, a hynny'n peri i Tom ddweud rhai pethau'n gyhoeddus nad oedden nhw'n rhy garedig am aelodau Cymdeithas yr Iaith a'u tebyg. Cynhaliwyd Cyfarfod Cyffredinol Tai Gwynedd yn y Goat, Llanwnda, ynghanol y 70au, a phwy a eisteddai yn y bar yn disgwyl amdanom, fel pe baent mewn seiat, oedd John Gwil a'r Syr ei hun. Rhyw feddwl yr wyf mai cynllun gan John Gwil oedd hwn i ddechrau cywiro delwedd y Marchog disglair, ac i ddangos bod ei galon yn y lle iawn wedi'r cyfan. Beth bynnag am hynny, bu Tom Parry'n fuddsoddwr cefnogol iawn i waith Tai Gwynedd am flynyddoedd, ac rwy'n siŵr fod John Gwil yn teimlo'n fodlon bod y berthynas rhyngddo a'r protestwyr wedi ei hadfer yn llwyr.

Y Prins a'r
Agent Provocateur

RwY'N CLOI'R GYFROL hon yn fwriadol gyda dau berson gwahanol iawn i'r rhan fwyaf o'r rhai sy'n llenwi'r tudalennau blaenorol; un nad wyf wedi ei gyfarfod, nac yn debygol o'i gyfarfod, a'r llall yn un na wn ar y ddaear pwy ydoedd, ond y gwnes ei gyfarfod unwaith yn unig (hyd y gwn i). Ac eto, mae yna gysylltiad rhyfedd rhyngddyn nhw, ac y mae'r ddau'n perthyn i gyfnod helbulus, a chyfnod allweddol, yn fy hanes i ac yn hanes Cymru.

Charles yw enw'r cyntaf, yr un a gafodd ei arwisgo'n 'Dywysog Cymru' yng Nghastell Caernarfon yng Ngorffennaf 1969. Yn groes i'r graen, cafodd Cymdeithas yr Iaith ei thynnu i'r helynt am iddi godi llais yn erbyn twyll gwleidyddol a gwagedd ystyr yr holl seremoni. Roeddwn i wedi dweud yn fy araith yn y Cyfarfod Cyffredinol na ddylem adael i'r Arwisgo ein tynnu oddi wrth ganolbwynt ein hymgyrchu ar y pryd, sef statws swyddogol y Gymraeg ar arwyddion ffyrdd cyhoeddus, tra dylem, ar yr un pryd, ddatgan ein gwrthwynebiad i syrcas Caernarfon. Ond ofer fu'r ymgais i gadw'r ymgyrch wrth-Arwisgo'n un ymylol; buan iawn y gwelsom nad oedd modd osgoi cael ein tynnu i grombil y peiriant propaganda oedd yn ceisio chwipio pobl Cymru i ryw fath o frwdfrydedd. A'r un oedd yn cynrychioli popeth sy'n dda yn y byd yn ôl y propaganda oedd Carlo, a'r rhai oedd yn cynrychioli'r holl ddrwg yn y byd oedd pobl fel hen dacla'r FWA a Chymdeithas yr Iaith. Ac fel awdur a chanwr y ganig fach ddiniwed 'Carlo', des innau'n fuan iawn yn ymgorfforiad o'r diafol ei hun!

Fe dreuliais weddill fy mywyd yn osgoi cwrdd â gwrthrych y sylw yn 1969; sawl gwaith cefais wahoddiad i gymryd rhan yng ngweithgarwch y Prince's Trust, a gwahoddiad i gynhadledd yn trafod beth allai'r Prins ei wneud i helpu'r broblem tai fforddiadwy yng Ngwynedd. Pan oeddwn yn arwain portffolio'r economi ar Gyngor Gwynedd, fe gefais wahoddiad gan y gwron ei hun i gwrdd ar y trên brenhinol mewn seidin yn rhywle i drafod dyfodol gwaith i bobol ifanc yng Ngwynedd. Bernais ym mhob achos mai gwell fyddai cadw'n glir gan y byddai'r oblygiadau gwleidyddol yn beryg o gael mwy o sylw na'r achos, ac fe anfonais uwch-swyddog yn fy lle i'r seidin. Yr eironi mawr yw mai Charles yw'r unig aelod o'r teulu brenhinol y byddwn yn rhannu rhyw fath o dir cyffredin ag ef; er nad wyf yn cytuno â'i safbwyntiau bob tro, mae gen i gydymdeimlad â llawer o'i ddaliadau ar fater yr amgylchedd a byd natur, y byd ysbrydol a phobol ifanc. A byddai'r sgwrs rhyngom yn un ddigon difyr o ystyried 'mod i wedi canu amdano'n ddi-dor ers bron i hanner canrif!

Ond wna i byth eto adael i neb fy nhynnu i mewn i ymrafael gwleidyddol ynglŷn â'r teulu brenhinol; trefnu sut fath o lywodraeth a gawn yma yng Nghymru, faint o annibyniaeth sy'n bosib i'w hennill a sicrhau lle canolog i'r Gymraeg, dyna'r flaenoriaeth, nid lle'r teulu brenhinol yng Nghymru'r dyfodol. Mae fy mhen a 'nghalon yn dweud mai gweriniaeth debyg i Iwerddon sy'n iawn, ond pobol Cymru fydd yn penderfynu hynny, ac yn y cyfamser, dyw dadlau am y teulu brenhinol ddim yn cyflawni dim.

Wedi dweud hynny, roedd gwrthwynebu'r Arwisgo yn 1969 yn benderfyniad cywir o dan yr amgylchiadau ar y pryd, ac am fod George Thomas a'i griw am ddefnyddio'r achlysur i rwygo rhengoedd y cenedlaetholwyr, ac atal cynnydd y Blaid. Ond i bobol ifanc heddiw, mae'n amhosib cyfleu'r awyrgylch a'r tensiwn a grëwyd gan yr holl balafa, ac un amlygiad o'r tensiwn hwnnw oedd y defnydd o heddlu cudd ac *agents provocateurs*. Roedd cynifer o'r rhain wedi eu plannu yma ac acw – ac yn bendifaddau roedden nhw yn rhengoedd mudiad fel Cymdeithas yr Iaith – nes ein bod yn amau pawb o'n cwmpas, ac wedi datblygu math ar baranoia cenedlaethol am y peth. Ond unwaith yn unig y gallaf dystio imi groesi llwybrau gydag un o'r giwed yma.

Adeg Eisteddfod Gadeiriol Llanrwst oedd hi, yn 1969, ac roeddwn yn canu yn y Noson Lawen a gynhelid ym mhabell yr ŵyl ar y noson gyntaf. Cyrhaeddais a chael fy nghroesawu gan haid o heddweision, ac un ohonyn nhw'n egluro bod yna fygythiadau difrifol wedi eu gwneud i beri niwed imi, ac felly eu bod yno i fy amddiffyn! Cerddais i gefn y babell gyda dau swyddog o bob tu, a minnau'n eu holi oedden nhw wir yn credu bygythiadau gwirion o'r fath. Ta waeth, ni chefais gyfle i weld neb arall, dim ond cael fy hysio gan yr heddlu i ystafell fechan yng nghefn y babell, dan orchymyn i beidio â mentro o'r fan hyd nes y byddai arweinydd y noson yn fy ngalw i'r llwyfan. A minnau newydd dynnu'r gitâr o'i chas, daeth dyn diarth i ymuno â mi, gan ymddiheuro nad oedd yn medru siarad llawer o Gymraeg. Eglurodd ein bod wedi cwrdd o'r blaen, ac iddo fod yn weithgar gyda'r Blaid yng Nghaergybi (meddai), ond nad oedd wedi siarad â mi am nad oedd yn rhugl yn y Gymraeg. Dywedodd mai byr oedd ei neges gan fod cynifer o blismyn o gwmpas, ond ei fod angen fy help gyda chynllun dirgel i ladd y Prins! Edrychais arno heb fedru credu'r hyn a glywn, a phwyntiais at y drws a dweud rhywbeth fel: 'Get out of here as fast as you can, and I don't want to see you ever again!' Roeddwn yn dal i grynu o gynddaredd pan gyrhaeddais y llwyfan ychydig funudau'n ddiweddarach, a pherfformiad go symol gafodd pobol Llanrwst y noson honno mae arna i ofn.

Mae lluoedd 'diogelwch' Prydain Fawr, fel y mae hanes wedi dangos dro ar ôl tro, yn gallu bod yn athrylithgar o drwsgl a thwp ar adegau. Rhyfedd o fyd, yn wir.

'Chwip o straeon
a thalp o hanes
mewn un gyfrol.'
Betsan Powys

Tweli
Griffiths

YN EI CHANOL HI

yLolfa

£9.99

Hefin Wyn

ar drywydd Meic Stevens

Y SWYNWR O SOLFACH

y Lolfa

£14.99

Taith drwy'r alawon i fyd y sesiwn werin Gymraeg

Sesiwn yng Nghymru

Cymry, Cwrw a Chân

Huw Dylan Owen

y Lolfa

£9.95

Am restr gyflawn o lyfrau'r Lolfa, mynnwch
gopi am ddim o'n catalog
neu hwyliwch i mewn i'n gwefan

www.ylolfa.com

lle gallwch archebu llyfrau ar-lein.

TALYBONT CEREDIGION CYMRU SY24 5HE
ebost ylolfa@ylolfa.com
gwefan www.ylolfa.com
ffôn 01970 832 304
ffacs 832 782